Australia
by Servas

Australia by Servas
니는 가 봤나? 세계 평화 무료 민박 여행

초판 1쇄 발행 2022년 12월 12일

지은이 김효정, 김은진
펴낸이 장길수
펴낸곳 지식과감성#
출판등록 제2012-000081호

교정 김우연, 서은영
디자인 정한나
편집 정한나
검수 한장희, 이현
마케팅 고은빛, 정연우

주소 서울시 금천구 벚꽃로298 대륭포스트타워6차 1212호
전화 070-4651-3730~4
팩스 070-4325-7006
이메일 ksbookup@naver.com
홈페이지 www.knsbookup.com

ISBN 979-11-392-0807-8(03810)
값 18,000원

- 이 책의 판권은 지은이에게 있습니다.
- 이 책 내용의 전부 또는 일부를 재사용하려면 반드시 지은이의 서면 동의를 받아야 합니다.
- 잘못된 책은 구입하신 곳에서 바꾸어 드립니다.
- 본 도서는 국토일보의 일부 후원으로 제작되었습니다.

지식과감성#
홈페이지 바로가기

Australia by Servas

너는 가 봤나?
세계 평화 무료 민박 여행

글·사진 | 김효정 김은진

PROLOGUE

　참 많이 늦었다. 진즉에 호주 관련 책을 쓰고 싶었는데 이제 결실을 보게 되었다. 귀국 후 호주를 여행하며 짬짬이 기록한 일기와 메모, 사진을 정리하는 등 출판 준비는 했건만 차일피일 미룬 건 나의 게으름 때문이다. 코로나로 인해 해외여행 문이 닫히자 여행을 좋아하는 사람들은 숨이 막힐 듯 답답했다. 빨리 출판하여 뭇사람들에게 위로를 주었더라면….

　90년대 중반에 약 2년 동안 살았던 호주 생활로 인해 인생관이 변하였고, 교육철학이 바뀌었다. 귀국 후 '해외문화체험단' 명목으로 학생들을 데리고 가거나 호주 관련 일을 하던 남편 일에 동반하는 등 10회 넘게 호주 나들이는 계속되었다.

　고 김우중 회장의 《세상은 넓고 할 일은 많다》의 책 제목처럼 '세상은 넓고 갈 곳은 많다'가 인생 목표가 되었다. 짧게 또는 길게 가족과 함께 다녀온 추억 여행, 동료를 이끌고 갔던 알짜배기 여행, 홀로 떠난 힐링 여행 등 45개 국가에서 지냈던 일들이 주마등처럼 스쳐 지나간다. 그중에서 제2의 고향 호주는 언제나 그리운 곳이다.

　이 책을 출판하는 목적은 두 가지다. 첫 번째는 내가 속한 서바스(Servas)를 널리 알리고 싶어서다. 서바스(Servas)는 간단히 말하면 평화를 실천하는 세계 무료 민박 NGO 단체이다. 유럽에서 시작하여 당시 젊은 사람들이 가입하고, 대를 이어 그 자녀들도 성인이 되어 가입해서 현재 일흔, 여든이 넘는 회원이 많다. 연로하신 분이 많아서 가끔 영원한 이별 소식을 듣는다. 여행하는 방법은 다양하지만 세계 곳곳에서 민박하며 그들 삶을 맛보는 살아있는 여행을 권하고 싶다. 나의 글이 계기가 되어 우리나라 대학생과 젊은이들이, 평화를 갈망하는 이들이 서바스의 목적과 이념을 알고 관심 가져주길 간절히 바란다.

두 번째 이유는 여행을 좋아하는 사람에게 호주 여행을 권하고 싶다. 남한의 78배가 넘는 대륙이면서 섬나라 호주는 유일무이(unique)한 동식물이 많은 자연 보고寶庫이다. 나처럼 울루루를 탐험하는 버킷 리스트를 실행하거나 캥거루, 코알라, 쿼카를 보기 위해 목적지를 정해서 가는 일은 얼마나 가슴 설레는 일인가! 차를 렌트하여 케언즈에서 시드니를 향해 달리면 사탕수수, 바나나, 밀 농사로 이어지는 기후에 따른 재배 식물 분포도 재미있는 과학 공부다. 다민족·다인종 국가로 시작된 호주에서 계절에 따라 여러 지역에서 열리는 다양한 축제와 원주민들의 독특한 문화를 살펴보는 일도 흥미롭다. 다시 기회가 주어진다면 호주 곳곳을 돌아보고 싶다.

인간은 끝없이 여행하는 호모 바이에이터다. 갈까 말까 망설일 때 무작정 떠나는 용기를 주는 책, 앞길이 막막할 때 솔직함과 따뜻함으로 다가가는 책이었으면 한다. 함께 여행하듯 감동과 짜릿함이 있는 한 편의 글이 독자의 눈가에는 놀라움으로, 입가에는 미소로 머물렀으면 좋겠다.

함께 여행했던 가족과 응원의 글을 보내 준 국토일보 대표이사 발행인 김광년님, 한국 서바스 회장 송상기님, 한국시니어스타협회 장기봉 영화감독님께 진심으로 감사를 드린다. 늘 격려와 용기를 주는 친구들, 멋진 책이 나오도록 애써 주신 지식과 감성 출판사 가족에게도 고마움을 전한다.

상고대가 아름다운 가을, 제주에서

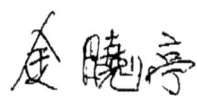

PROLOGUE 4

I 여행기획

서바스 소개 12
언제나 그리운 제2의 고향 18
여행 준비 20
출~~발~~ 26

II 퍼스

궁금한 Oliver댁 38
평화로운 퍼스 시내 44
일일 가이드 올리버 56
쿼카가 사는 섬 로트네스트 66
돌덩이 미어캣 피나클스 사막 77

III 서호주 남부

자연이 만든 물결 바위 90
여름 동네 에스퍼런스 99
피츠제럴드 리버 국립공원 & 덴마크 106
동물 농장을 지나 하늘을 걷다 114
센과 치히로의 탄생지 버셀턴 125
다시 평화로운 퍼스로 133

Ⅳ 애들레이드

반가운 애들레이드 *144*
애들레이드에서 맞이한 남편 생일 *149*
시티 나들이 *156*
이별 파티 *164*

울루루 캠프

앨리스 스프링 *174*
능선이 아름다운 카타추타 국립공원 *180*
지구의 중심, 울루루 탐험 *189*
킹스 캐년 트레킹 *197*

Ⅵ 캔버라

멜리사가 기다리는 곳 *214*
언제나 즐거운 일요 마켓 *221*
동전은 Mint에서 *232*

시드니

야들야들, 다시 먹는 쇠고기 *246*
경관 일품, 타롱가 Zoo *253*
John 병문안 *261*
드디어 집으로 *270*

EPILOGUE *274*

쿠알라룸푸르

퍼스

START
쿠알라룸푸르 ➡ 퍼스 ➡ 애들레이드
➡ 앨리스 스프링 ➡ 멜버른(트랜짓한 곳)
➡ 캔버라 ➡ 시드니

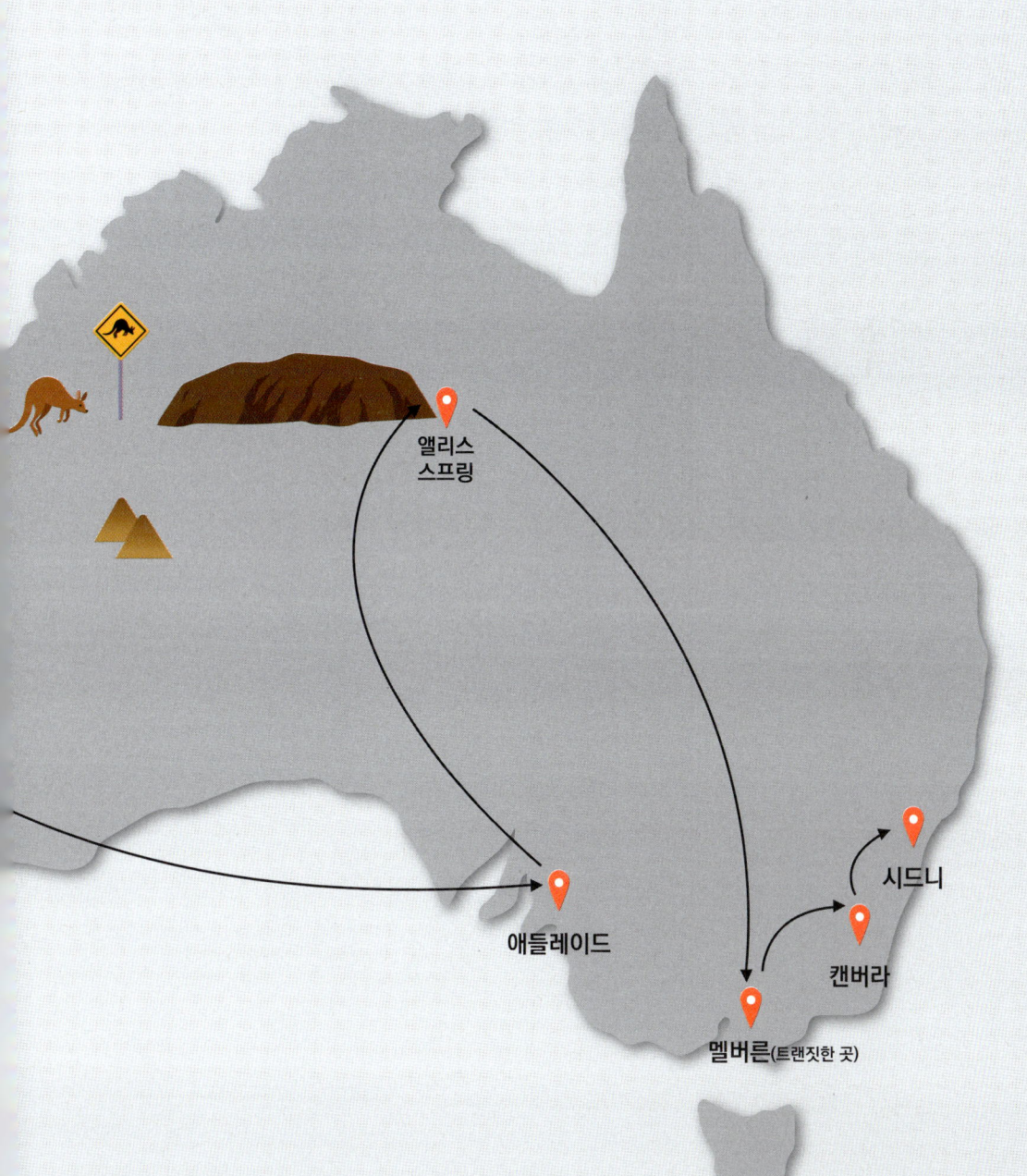

I
여행 기획

- 서바스 소개
- 언제나 그리운 제2의 고향
- 여행 준비
- 출~~발~~

서바스 소개

서바스(Servas)는 1973년 UN에서 인정한 세계 NGO, 비영리 단체이다. 2차 세계대전 후 1949년 덴마크의 'Peacebuilder'라고 불리는 단체에서 시작되었다. 미국인 밥 루이웨일러(Bob Luiweiler)와 그의 유럽 친구들은 미국과 유럽에 서로 관심을 가지면서 서로의 평화와 사회 정의 실현에 목표를 두었다. 다른 평화 운동을 하는 단체들과 함께 목표를 이루기 위한 방법으로 여행 시스템을 만들었다. 이러한 여행은 방문객을 환대하는 다양한 국적을 가진 사람들에게 널리 퍼지면서 가능해졌다.

1952년 처음 세계 모임이 이루어졌을 때, 서바스(Servas)라고 이름을 붙였다. 서바스의 의미는 19세기에 세계 공용어였던 에스페란토 언어로 'We Serve', 봉사를 뜻한다. 1972년 스위스 등기소에 등록하고 세계 서바스가 정식으로 출범하였다. 세계총회는 3년마다 열리며, 여기서 각 국가의 대표들이 세계 의장을 선출한다.

"Peace and Understanding through Travel and Hosting" 슬로건을 둔 세계 서바스에 가입한 국가와 회원이 점점 증가하고 있다. 최근 몇 년 사이에는 아프리카 회원도 생겼고, 동남아시아 회원국도 증가하고, 몽골 회원도 새로이 가입하여 활동하고 있다.

한국 서바스는 1965년 부산에서 병원을 하던 이병훈 박사에 의해 활동을 시작하였으나 그 당시 한국의 경제적 상황이나 사회적 환경이 열악하여 참여한 사람들이 없었다. 1972년 일본으로부터 방법을 배워 조금씩 알려지게 되어 1974년 이동훈 박사가 세계위원에 선임되기도 하였다. 1976년 한국 서바스 창립총회를 개최하였으나 이동훈 박사가 일본으로 병원을 옮기는 바람에 공백이 생겼다. 1986년 고 엄재량 고문이 이탈리아 회의에 참여하면서 투표권을 얻었고, 1989년 이동훈 박사에게서 한국 서바스를 인계하여 회장으로서 한국 서바스를 계속 발전시켜 왔다. 세계총회 및 동아세안 회의에 우리나라 회원들이 꾸준히 참여하고 있다.

2018년 서울 서바스 세계총회에 53개국 165명의 회원이 참가하였다. 현재 우리나라는 11개 지부에 230여 명의 회원이 활동한다.

회원 가입은 지인을 통하거나 온라인으로 '한국 서바스' 홈페이지에서 가입 의사를 밝히면 담당자가 해당 지부장에게 연결한다. 지부장이 직접 만나서 신분을 확인하고 가입 동기, 서바스 이념과 목표, 앞으로의 활동 등을 인터뷰한다. 서바스 정신에 합당한 사람이라고 판단되면 지부 회원이 되고 동시에 한국 회원이 된다. 100%는 아니더라도 신뢰할 수 있는 증명된 사람이라는 점이 호스피텔리티(Hospitality) 클럽이나 카우치서핑(Couch Surfing) 등 다른 민박 단체와 크게 다른 점이다. 약간의 가입비와 연회비를 낸다. 회비 중 일부는 세계 서바스에 보낸다. 아프리카, 남미, 아시아 등 경제적으로 도움이 필요한 회원이 세계총회 참여 시 경비를 보조하거나 후진국의 활동에 도움을 주기 위함이다.

회원이 되면 나라마다 다르지만 가입 기간에 따라 호스트와 게스트 자격이 주어진다. 민박 가능한 호스트가 되거나 잠은 재워주지 못해도 시간을 내어 자신의 지역을 안내할 데이(Day) 호스트로 활동할 수 있다. 게스트가 되어 세계 여행을 하기 위해서는 지부장에게 서바스 LOI(Letter Of Introduction)를 써서 지부장의 사인을 받고, 세계 서바스 인증 스탬프를 사서 붙여야 한다. LOI는 서바스 회원으로서의 간단한 자기소개서이며 여행할 나라, 여행 기간, 동반자 등을 세세하게 기록하면 호스트가 여행자를 이해하는 데 도움이 된다. LOI는 1년간 유효하다.

딸 은진이의 LOI

LETTER OF INTRODUCTION
http://www.servas.or.kr
servas KOREA

☞ Present this to your host **upon arrival without being asked.**

Surname / Given name :   Year of Birth:
Passport Number: Home Country : __South Korea__ Gender(M/F): __Female__
E-Mail: Occupation : __student__
Address :   Phone : +82-
            APT No   Dong   Gu   City
Dates of Travel: from _____ to _____ Languages Spoken: __English, Korean__
Countries to be visited : __Australia, America, Some part of Asia__
Are you a Servas Host? __Yes(my mother)__ Have you ever been a Servas traveler? __Yes__
Who else is traveling with you? Name : __mother, father__   Passport No. :
☞**In an emergency please contact** : Name:_____ Phone :_____
Type or print neatly. Use space on the back if necessary

   Hello, dear Servas host
    I am Gina (Eun Jin Kim is my Korean name) from South Korea. I am a college student in Korea. My major is English and my sub major is Video Contents. I have traveled over 20 countries. USA, Some of Asia 6 countries and some of east, west, and north Europe 18 countries. Also I have lived in Australia when I was little child. This year I want to travel west Australia because to see Ayers Rock.
    I am very interested in language, food, culture of the other countries. Therefore, I am so excited to learn and experience the culture of each country. I also want to look the world more widely. I think it will be a good opportunity to have a global mind through journey.
    Moreover, I did volunteer to help learning Korean for foreign students and to support for some international festivals (2018 Pyeongchang Olympics, Busan International Film Festivals, etc.). I support NGO (Greenpeace, Worldvision, Save the children) I am thoughtful, challenging and curious person so I hope to make worldwide friends through Servas. I know as well as practice the Ideology of Servas. I want to share my kind-hearted and happiness with you and try to make a peaceful earth by various way.
    I am looking forward to hear good news from you.
    Thank you.
    Sincerely Gina

I understand that the purposes of Servas are to promote peace, the unity of humankind, and mutual understanding of cultures, outlooks, and problems of the people of the world and I will do my part to further these purposes in my visits. ***I understand*** the responsibilities of a Servas Traveller.

Traveler's Signature _____ Date __July 10th 2019__

Interviewed by:	E-Mail:	Date of issue	July 10 2019
Interviewer's Address		KOREA	
Signature of Interviewer:	ω		No: 2019 2019 servas INTERNATIONAL
Signature of Regional Coordinator:			

I ········ 여행 기획

여행할 국가의 회원 리스트를 각 국가의 임원이 가지고 있었으나 몇 년 전부터 온라인화로 세계 서바스 홈페이지에서 여행할 지역의 회원 명단을 얻을 수 있다. 먼저 LOI와 함께 외국의 호스트에게 숙박 요청 메일을 보내고 답신을 기다린다. 확인 메일이 오면 기쁜 일이겠지만 거절 메일이 와도 실망하지 말 것. 다른 회원에게 다시 메일을 보내거나 각 나라의 회장이나 코디네이터에게 부탁하면 코디네이터가 그 국가의 회원에게 충분히 안내하여 적당한 호스트를 소개해 주기도 한다.

무료 민박 단체라고 완전 공짜는 아니다. 민박집을 방문할 때 자기 나라를 상징하는 물건을 선물로 드리는 것이 사람으로서 기본 예의다. 한국 사람들은 어떤 나라보다 선물을 많이 가지고 간다. 호스트 할 때도 게스트에게 선물을 줄 만큼 정 많은 사람이라고 이미 알려졌다. 호스트는 잠자리만 제공한다. 끼니를 줄 의무는 없지만 호스트는 자기 집에 온 손님을 홀대하지 않고 가족같이 여기며 음식을 대접하거나 호스트와 게스트가 함께 음식을 만들어 먹기도 한다.

서바스는 무료 민박 단체가 아니다. 세계 평화를 구현하는 수단으로 무료 민박을 제공한다. 인종, 종교, 언어의 벽을 넘어 서로 다른 문화를 이해하고, 세계평화를 이루기 위해 지구촌 사람들이 정을 나누는 세계적인 NGO 비영리 단체이다.

언제나 그리운 제2의 고향

　사람들은 태어나고 자란 동네가 있다. 두 장소가 같은 사람도 있을 것이고 다른 사람도 있을 터이다. 그곳이 추억이 많았던 장소였다면 마음속 고향이 되어 다시 찾는 곳이 된다. 살아갈 날보다 살아온 날이 많은 이에게, 황혼에 접어든 사람에게, 추억 보따리를 많이 묻어 둔 사람에게도 고향은 언제나 가고 싶은 곳이다.
　회갑을 넘은 나에게 고향은 아니지만 언제나 그리운 곳이 있다. 거대한 섬나라이면서 오세아니아 대륙에서 가장 큰 영토를 가진 호주! 그동안 여행한 40여 나라 중 젖과 꿀이 흐르는 땅을 손꼽으라면 망설이지 않고 호주를 선택할 것이다.
　천혜의 자연환경과 살기 좋은 기후, 섬에서만 볼 수 있는 특이한 동식물의 보고寶庫로 국민소득 최고를 자랑하는 북유럽에 견주어도 지지 않을 사회복지를 구현하고 있다. 아이들과 장애인의 천국이라고 자랑하고픈 나라다. 실생활 중심의 통합 교과와 4학기로 이루어진 교육과정은 학생이나 교사라면 누구나 환영할 교육제도가 아닐까 싶다. 선진국 반열에 들어선 우리나라도 긴 안목으로 벤치마킹해도 좋을 듯하다. 이민 국가다운 다양한 문화와 호주 원주민의 독특한 문화가 공존하고 있는 흥미로운 여행지이다.

　영국의 경제 잡지 '이코노미스트'는 매년 가을, 세계에서 가장 살기 좋은 도시를 발표한다. 안전도, 의료 혜택, 문화와 환경, 교육, 행정 등 항목을 정해서 조사하는데 2019년에 1위 오스트리아 빈, 2위 호주 멜버른, 3위 시드니가 차지했다. 코로나19 이후 코로나 상황 대처 항목을 추가하였다. 2020년에는 섬나라의 강점을 살려 외국인 입국 금지로 코로나 봉쇄 정책을 잘한 덕분에 뉴질랜드 오클랜드가 1위, 웰링턴이 4위를 차지하였다. 남호주 주도 애들레이드가 3위, 서호주 주도 퍼스는 5위, 빅토리아주 주도 멜버른이 9위, 퀸스랜드(Queensland) 주도 브리즈번은 10위 등 호주는 10위 안에 무려 4개의 도시가 들었다. 호주는 안전하면서 살기 좋은 국가임을 인정할 수밖에 없다.

　1995년부터 1997년까지 약 2년 동안 살았던 시드니는 제2의 고향이다. 곳곳에 다니며 추억을 묻어 둔 호주는 다시 가고 싶은 곳이다. 부산과 비슷한 환경 때문에 더욱 그렇다. 귀국 후에도 호주와 연결된 남편 사업에 동반하거나 교사로서 해외문화체험단 학생들을 인솔하는 역할 등으로 여러 번 다녀왔었다.

　오페라 하우스처럼 인위적인 관광지도 많으나 대보초, 울루루, 캥거루 아일랜드, 십이사도 바위 등 자연이 빚어 놓은 명승 보고가 넘쳐난다. 남한의 78배가 넘는 면적의 관광지를 다 둘러볼 수는 없겠으나 구석구석 가보지 못한 숨은 비경을 찾아 길을 떠나는 일이 나에겐 언제나 가슴 뛰는 일이다. 세계의 배꼽이라고 일컫는, 영화의 배경으로 등장한 울루루는 나의 버킷 리스트 중 하나였다.

　드디어 2019년 여름, 무더위의 기승을 뿌리치고 남편과 대학생이었던 딸과 함께 가족여행을 떠났다. 직장 생활 때문에 함께하지 못한 아들에게는 늘 미안하다. 딸의 버킷 리스트 중 하나인 '쿼카와 울루루'를 보는 것을 1순위로 두었다. 나 역시 울루루에 가는 것을 꿈꾸었으니 흔쾌히 서호주를 중심으로 여행계획을 세웠다.

여행 준비

그동안 가족여행 기획 및 사전 준비는 내가 했는데 이번 호주 여행은 달랐다. 학교 업무와 여러 가지 일들로 인해 여행 준비할 시간이 부족해서 딸이 많은 부분을 맡았다. 여행할 도시에서 볼거리, 체험, 맛집 등 세세한 일정은 딸이 계획하였다. 비행기와 호텔 예약, 울루루 캠프 등을 딸이 검색하고, 결제는 나의 몫이었다.

　하루에 한두 곳의 목적지만 정하고 남는 시간에는 발걸음이 닿는 대로 강가나 공원에 앉아 쉬기로 하였다. 시장에서 사람 사는 냄새도 맡고, 거리공연도 관람하고, 길거리 음식도 사 먹고, 지나다니는 사람들 모습을 보는 것도 재미있는 일이었다. 하루 한 끼쯤은 맛집에서 현지식으로 먹으면 좋은 경험이지 않은가. 여행도 삶의 한 부분, 사람 사는 모습은 크게 다를 바가 없겠지만 이색적인 사람들의 모습을 통해 나의 삶을 반추하고, 미래의 모습을 상상하며 보낸 나날들이 환갑 지난 나에게는 소중한 경험이 되었다.

　퍼스와 울루루 달랑 두 곳만 다녀오려니 비행시간이 아까웠다. 이왕 간 김에 지인도 만나고, 예전에 살았던 시드니도 방문할 일정으로 바꾸었다. 퍼스-애들레이드-울루루-캔버라-시드니로 이어진 26박 27일의 여정이었다. 2019년 8월 5일 출국, 8월 31일 입국으로 정했다. 비행기 예약, 호텔과 서바스 호스트 구하기, 관람지 예약 등을 6개월 전부터 준비하였다. 국제선은 쿠알라룸푸르를 경유하는 에어아시아 항공편을 이용했는데 퍼스로 출국, 시드니에서 입국하였다. 부산에서 서호주의 주도인 퍼스까지 직항이 없어서 말레이시아를 경유하였다. 부산-쿠알라룸푸르, 쿠알라룸푸르-퍼스로 이어지는 비행시간만 10시간 정도 소요되는 먼 거리이다.

에어아시아 항공은 화물 제한이 23kg까지라서 겨울철인 호주에서 필요한 전기요와 호스트에게 줄 선물도 많이 챙겨갈 수 있었다. 호주 내 도시 간의 이동, 퍼스-애들레이드, 애들레이드-앨리스 스프링, 앨리스 스프링-캔버라 구간을 호주 저가 항공 버진 오스트레일리아를 이용하였다. 기내에서 마실 물을 항상 가방 속에 넣어 다녔고, 식사 때 비행하게 된 경우는 간단하게 먹을 음식도 준비하였다.

울루루 캠프를 신청할 당시에는 한국 여행사에서 직접 운영하는 줄 알았는데 호주 업체들이 운영하고 한국 여행사는 소개 수수료만 챙기는 방식이었다. 현지에 가서 안 사실인데 울루루 캠프 홈페이지에서 신청하면 10% 정도 할인된 가격으로 참가할 수 있다.

기간에 따라 다르겠지만 일반적으로 여행 경비 중 항공권 다음으로 많이 드는 것이 숙소이다. 여행과 사람 사귀기를 좋아해서 2014년 서바스(Servas)에 가입하였다. 여행 경비도 절약하고, 민간외교관 역할을 할 수 있는 점에 매료되어 가입 후 적극적으로 활동하였다.

2015년 폴란드인 세바스찬을 시작으로 2016년에는 아르헨티나 로베르토 부부, 2017년에 미국 카렌과 대만 제인(Jane) 모녀, 2018년에는 10월에 한국에서 열린 서바스 세계총회에 참가했던 네덜란드, 독일, 프랑스, 이스라엘, 폴란드, 스페인 등에서 온 많은 서바스 회원, 2019년에는 미국 가족과 일본에서 온 회원을 정성껏 호스트 하였다. 반면, 내가 게스트가 되어 2016년 여름에 동유럽, 2018년 여름에 북유럽과 이탈리아, 2019년 1월에 스페인, 2019년 여름에 호주, 2020년 1월에 이스라엘을 여행할 때 서바스 회원 댁에서 머물렀다. 우리나라 두레처럼 내가 기쁘게 호스트를 했으니 당당하게 게스트로 다닐 수 있었다.

서바스 호스트를 구하는 것은 나의 몫이었다. 나보다 영어 실력이 훨씬 좋은 딸에게 맡길 수 있었으나 숙소 부탁은 회원인 내가 하는 것이 예의인 것 같았다. 서바스가 태동한 유럽은 초기부터 시작한 회원도 많고, 가입자 수가 많은데 호주는 회원 수가 그리 많지 않다. 퍼스, 캔버라, 시드니 호스트에게는 출국 서너 달 전부터 편지를 보내고 답장을 기다려 허락받아 두었다. 서호주 남부 투어 중 머물렀던 덴마크 호스트는 퍼스에 머물면서 찾았다.

무료 민박이라고 하지만 무조건 공짜로 머물 수는 없어서 호스트에게 드릴 선물을 항상 준비한다. 선물은 한국문화를 상징하는 물품을 구입하고, 내가 직접 만들거나 그린 작품을 가져간다. 이번에 준비한 것은 누비 지갑, 한국화 액자, 부채, 만든 비누, 열쇠고리, 책갈피 등이다. 누비 지갑, 열쇠고리, 책갈피는 도매 시장에서 넉넉하게 샀고, 한국화 그림은 직접 그렸다. 엽서 크기로 제작된 특수 종이에 매화, 난초, 국화, 대나무를 여러 장 그렸다. 반으로 접어지는 액자에 어울리는 그림 두 점을 골라 넣으면 세상에 하나뿐인 근사한 소품 액자가 탄생한다. 포도와 비파, 매화 등도 부채에 그려 넣으면 백화점에서 판매하는 고가의 부채와 비교할 수는 없지만 정성으로 따지면 뒤지지 않는 선물이 된다.

민박집에는 보통 2~3일 머문다. 가족처럼 음식을 같이 먹고, 청소나 빨래, 잔디 깎기 등 집안일도 돕고, 운이 좋으면 생일이나 결혼식 등 가족 행사에도 참여하는 기회도 종종 얻는다. 첫날은 호스트가, 둘째 날은 게스트가 저녁을 대접하는 것이 일반적이다. 외식도 가능하지만 나는 주로 호스트 집에 가서 불고기, 김밥, 잡채 등을 만들어서 대접한다.

음식을 함께 준비하면서 만드는 방법을 알려 주고, 우리나라 음식의 우수한 점을 설명하며 민간외교관 노릇을 톡톡히 한다. 음식 재료 용어는 모르는 단어들이 많으나 핸드폰으로 검색해서 영어 설명이나 사진을 보여주면 통한다. 꼭 영어가 능통해야 가능한 일은 아니다. 유창한 언어를 쓰지 않더라도 몇 마디의 단어와 몸짓, 손짓, 표정, 미소 등 비언어적 요소가 가미되면 소통에 별로 무리가 없다.

필요한 양념은 대부분 한국에서 가져가고 채소나 육류는 현지에서 산다. 미역, 당면, 초고추장, 간장, 참기름, 깨소금 등을 가져가서 한국 음식을 만들어 드린다. 같이 식사하는 것은 물론 음식을 만드는 정성과 서로의 문화도 공유한다. 직장에서 회식이나 술자리를 통해야 친해지듯이 외국인과도 밥을 같이 먹으면서 이야기도 나누고, 술잔도 기울여야 친밀감이 더해지는 것은 세계 공통분모인 것 같다.

딸의 글 엄마, 아빠와 함께 몇 차례 해외여행을 다녀왔는데 servas 호스트 댁에서 보낸 것은 2018년 북유럽과 이탈리아에 이어 두 번째다. 엄마가 학교 일로 바쁘셔서 비행기 와 울루루 캠프 예약, 맛집과 호텔 검색 등을 도와드렸다.

보통 한 달씩 여행하는데 이번 여행도 거의 한 달 일정이 되었다. 호주를 여러 번 다녀왔지만 간 적 없는 서호주는 어떤지 궁금하였다. 나는 쿼카의 미소를 보는 것에 기대를 걸었고, 엄마는 울루루 탐험을 최대 관심사로 두었고, 아빠는 지인들 만나는 것에 기뻐했다.

비행기 티켓을 예매하고, 서바스 가족에게 줄 선물을 준비하는 순간부터 여행이 시작되었다.

출~~ 발~~

8월 5일

 2019년 8월 5일 10:40, 부산 출발 비행기는 현지 시각 16:00에 쿠알라룸푸르에 도착하였다. 우리나라가 말레이시아보다 1시간 빠르니 비행시간은 6시간 20분 정도 소요된다. 퍼스행 비행기로 바꾸어 타려면 자정까지 기다려야 한다. 약 7시간, 그냥 보내기 아까운 시간이다. 무엇을 하면 좋을지 미리 검색한 결과 쿠알라룸푸르 시내를 구경하고 오면 적당할 것 같았다.

 뻔히 알고 있는 답이지만 공항은 왜 도시 외곽에 있는 걸까? 대도시의 공항에서 시내까지 가려면 대부분 1시간 정도 걸린다. 인천에서 서울 시내까지 직행철도로 대략 1시간, 김해공항에서 부산역까지 공항버스로 약 1시간, 존 F 케네디 공항에서 맨해튼까지 공항버스로 50여 분이 소요된다.

 쿠알라룸푸르 공항에서 시내 중심까지 57km, 승용차로 약 1시간이 걸린다. '시간은 돈이다'라는 말이 딱 어울리는 상황이다. 퇴근 시간에 교통체증이라도 걸리면 시간도 많이 소요되고, 요금도 많이 나올 것 같아서 택시보다는 요금이 저렴한 급행 지하철을 선택하였다. 창밖으로 보이는 풍광에 '어! 고무나무, 야자수가 왜 저곳에 있지'라는 생각을 잠깐 하자마자 '그래, 이곳이 열대지역이지'라는 답이 연이어 떠올랐다.

페트로나스 쌍둥이 빌딩이 있는 KLCC(Kuala Lumpur City Centre)로 가기 위해 센트럴 역에 내려서 지하철로 갈아탔다. 센트럴 역은 시내 중심가답게 복잡하였으나 지하철에 익숙한 우리는 어렵지 않게 목적지에 도착하였다.

더운 여름인데도 긴소매, 짧은 소매, 민소매 등 옷 모양새를 보아서는 어느 나라에서 왔는지 도저히 알 수 없는 다양한 국가에서 온 관광객이 많았다 영어, 중국어 외에 알아들을 수 없는 말소리가 내 귀를 자극하였다.

하늘을 찌를 듯한 빌딩의 높이와 웅장함에 할 말을 잊고 벌어진 입을 다물기까지 제법 오랜 시간이 걸렸다. 외관상으로 드러나는 건축 양식이 위태로웠는지 부러웠는지 알 수 없으나 내 눈을 자극했던 것은 분명하다. 쌍둥이 빌딩이라서 더욱 눈길을 끌었다. 하나는 일본 기업이, 다른 한 동은 우리나라 건설사에서 지었다니 왠지 어깨가 으쓱해지면서도 '둘 다 우리가 지었더라면 좋았을 텐데'라는 생각이 들었다.

두 빌딩을 스카이 브리지로 연결해서 마치 하나의 건축물로 보이는 빌딩은 인공위성처럼 위로 갈수록 점점 뾰족해진다. '발사!' 하고 벨을 누르면 우주로 날아갈 듯이 하늘의 기운까지 누리며 당당하게 서 있었다. 더 높은 곳을 향하려는 인간의 덧없는 욕심이 빌딩에서도 느껴졌다.

선글라스로 햇살을 가리고 빌딩 숲을 바라보았다. 3D 영화 속 장면처럼 바람이 마천루의 선을 어루만지고 지나가면 이 빌딩 저 빌딩이 경쟁하듯 눈앞으로 다가왔다 사라졌다. 높은 빌딩들이 외줄타기를 하는 남사당 놀이패처럼 위태위태하였다. 음악에 맞추어 춤추듯 물줄기를 뿜어내는 평온한 분수와 대조적이었다. 벤치에 기대어 여행의 노곤함을 털어 내었다. 저물어 가는 부드러운 겨울 햇살이 어깨에 내려앉았다.

건물 안에는 거대한 쇼핑몰이 자리한다. 1층부터 6층까지 차지한 쇼핑 공간을 둘러보았다.

사고 싶은 물건들도 꽤 많았다. 경제적 이유와 여행의 시작이라는 점 때문에 포기하고 원

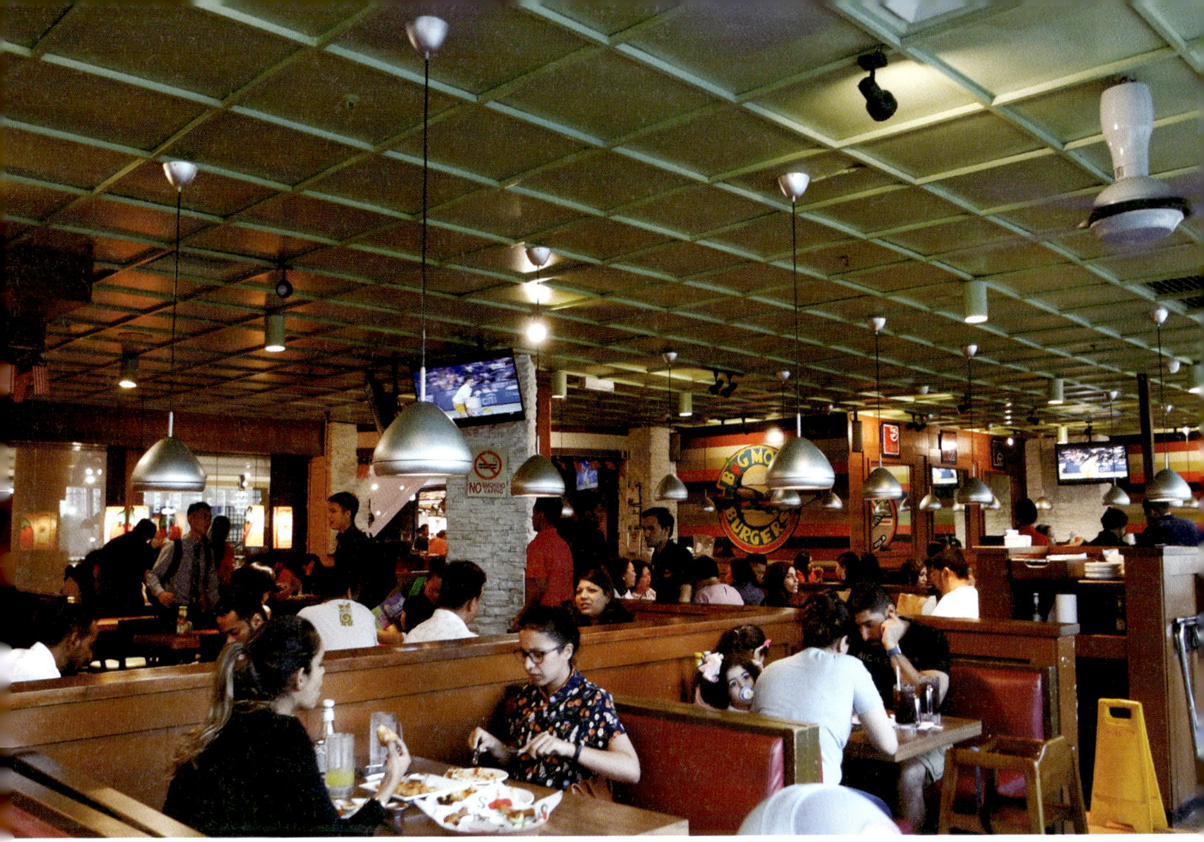
BIG MO BURGERS

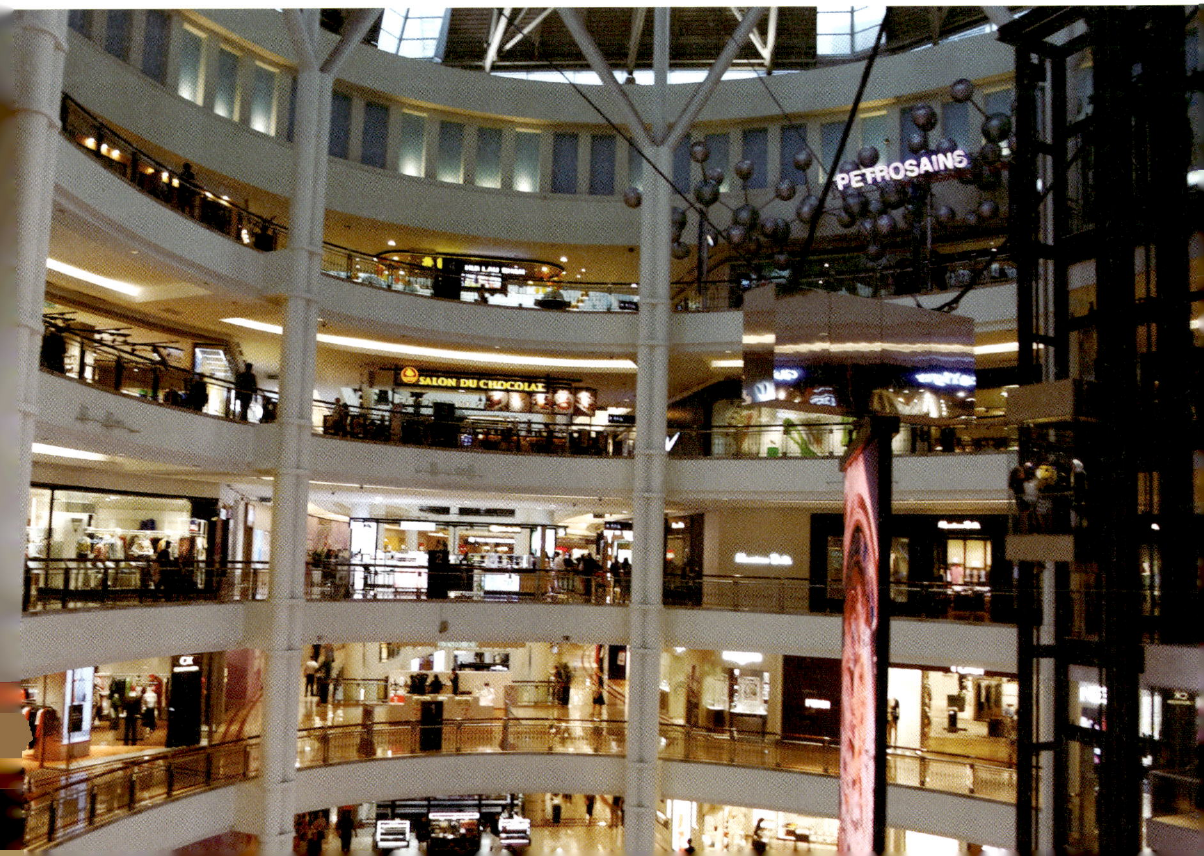
PETROSAINS
SALON DU CHOCOLAT

도우쇼핑으로 만족하였다. 배꼽시계가 핸드폰의 시각보다 더 정확하였다. 발걸음은 4층에 있는 음식점으로 이미 향하였다.

고객을 응대하는 직원들의 태도, 음식점 분위기, 앉아 있는 손님 모습을 보아하니 괜찮은 식당으로 느껴졌다. 우리 옆 창가 테이블에는 히잡을 쓴 여인 4명이 음식을 먹고 있었다. 어깨너머로 보고 맛있어 보이는 음식을 웨이터에게 물어서 시켰다. 우리나라보다 국민소득이 낮아서 물가도 싸겠지 생각했는데 오산이었다. 가격 대비 음식 맛은 그저 그랬다. 고춧가루가 가지고 있는 한국의 매운맛처럼 외국에서 먹는 음식 대부분의 짠맛의 원인은 무엇일까? 내 입맛에는 몹시 짰다.

식당에서 바라본 공원이 평화로웠다. 식사를 마치고 우리 가족도 공원 벤치에 앉았다. 석양빛이 사멸되자 사람들이 많아졌다. 희희낙락거리는 친구끼리, 양손을 꼭 잡은 연인들, 아이와 함께 온 가족들의 발걸음도 자연스럽게 공원으로 향했다. 초록 잔디밭은 아이들의 놀이터로, 음악에 따라 색이 변하는 분수는 어른들의 사진 배경이 되었다. 호수 주위에서 흔들리는 갈대들도 존재감을 드러내며 보는 이들을 유혹하였다.

조명에 물든 분수를 뒤로하고 아쉬운 발길을 돌렸다. 1시간 정도 걸리는 공항까지의 길을 역逆으로 움직였다. 지하철 타고, 급행 전철로 갈아타서 무사히 공항에 도착하였다.

환승 구역 내 로비에는 두 군데 음식점이 있었다. 하나는 말레이식당이고 다른 곳은 스낵 코너였다. 출국 시간이 많이 남아서 나중에 먹어야지 했는데 9시에 문을 닫는다고 하였다. 8시 30분쯤 신청했더니 밥은 다 팔리고 쌀국수를 닮은 음식을 시켰다. 맛이 뛰어나지 않았지만 그렇다고 실망스럽지도 않았다. 지겹게 기다린 결과 드디어 00:05에 퍼스행 비행기에 올랐다.

쿠알라룸푸르 KLCC(Kuala Lumpur City Centre)

https://www.suriaklcc.com.my/

말레이시아가 2020년에 선진국에 합류한다는 비전 2020 계획을 상징하는 건물이다. 경마장 부지였던 곳을 쿠알라룸푸르 센터로 개발한 곳이다. 1992년 공사를 시작하여 1998년 개관한 88층의 건물, 연 면적 약 6만 6천 평의 국영 석유회사 페트로나스 소유이다. 41층과 42층에 스카이 브리지로 쌍둥이 빌딩을 연결하여 건물의 흔들림을 없앴다. 언뜻 보면 금속으로 지어진 것처럼 보이지만 콘크리트 건물에 외벽만 스테인리스강과 유리로 장식을 하였다.

KLCC는 고급 패션 쇼핑몰, 호텔, 탁 트인 전망을 제공하는 최첨단 페트로나스 트윈 타워로 유명하다. 고층 빌딩으로 둘러싸인 KLCC 공원에서는 분수 쇼를 볼 수 있다. 아시아와 유럽 요리를 선보이는 세련된 비스트로와 독특한 칵테일을 맛볼 수 있는 품격 있는 루프 탑 바까지 다양한 식사 공간도 있다.

· **가는 방법**: 공항에서 KLIA 공항버스 타고 KL Central 역에 하차 후 5호선 Gombak 방향 탑승, KLCC 역 하차

Australia
by Servas

START

퍼스 ➡ 프리맨틀
퍼스 ➡ 로트네스트 아일랜드
퍼스 ➡ 피나클스

피나클스

로트네스트
아일랜드

퍼스

프리맨틀

II
퍼스
Perth

궁금한 Oliver댁
평화로운 퍼스 시내
일일 가이드 올리버
쿼카가 사는 섬 로트네스트
돌덩이 미어캣 피나클스 사막

궁금한 Oliver댁

8월 6일

　새벽에 도착한 퍼스는 겨울답게 쌀쌀한 기운으로 우리를 맞이하였다. 퍼스에 거주하는 지인의 아들이 마중을 나왔다. 부산에서 만난 적이 있어서 더 반갑고 고마웠다. 부지런하고 뛰어난 손재주 덕분에 중국에서 만난 호주인 동료가 추천하고 근무하던 호주 회사가 이민 신청 스폰서를 해 주어서 정착하기 어려운 호주에서 성공한 경우다. 집도 장만하고 독립하여 자동차와 오토바이 부품 대리점과 정비업을 운영하는 기대되는 젊은이다.

　서바스 회원 Oliver 댁으로 가는 길에 아침이 열렸다. 바다에서 솟아오른 불그스름한 여명이 하늘까지 닿았다. 찬 공기를 뚫고 나온 햇살이 어둠을 서서히 걷어 내며 자동차의 헤드라이트를 잠재웠다. 서쪽 해안가를 따라 30여 분을 달렸다. 마치 해운대에서 기장 쪽으로 이어진 바닷가를 달리는 듯한 익숙함에 마음이 평온하였다. 비강 속을 파고든 비릿한 내음이 점막을 건드리고 세포가 반응할 즈음에 Oliver 댁이 있는 시티 비치(City beach)에 닿았다.

Ⅱ ········ 퍼스 Perth

조용하고 평화로운 마을이다. "이곳은 부자 동네인데요." 데려다 준 지인이 말했다. 그의 말처럼 도로가 양쪽에 들어선 집들의 규모가 크고, 이층집이 많았다. 호스트 집은 단층인데 정원이 살짝 엿보일 정도로 낮은 담벼락이 정겨웠다. 별도의 대문이 없이 바로 현관문으로 이어졌다. 지붕으로 늘어진 가지를 뽐내며 커다란 캄포나무가 수십 년째 대문 역할을 하며 집을 지키고 서 있었다.

벨 소리를 듣고 나온 올리버는 잠옷 차림으로 우리를 맞이하였다. 메일로 소식을 주고받아서 도착 시간도 알고 있을 줄 알았는데, 잊은 모양이다. 이른 시각에 도착할 거라고 미리 전화를 드리지 못해서 미안했다. 이혼하고 혼자 사는 그는 여든 고개를 바라보는 노인이다. 젊을 때 회계사였고, 작은 무역회사를 운영하여 제법 돈을 많이 벌었다. 프랑스에 보트를 사 두고 종종 휴가를 가서 즐겼던 사진들을 보여 주었다. 큰아들은 멜버른에 살고, 라디오 방송국을 운영하는 작은아들은 홍콩에, 입양한 딸이 퍼스에 살면서 아버지를 가끔 뵈러 오는 듯했다.

'라떼는 말이야'로 한때 권력이나 경제력이 좋았던 사람들이 과거를 그리워하는 경우를 종종 보았다. 올리버 역시 지난 시절을 자랑하면서 행복해하는 이웃집 할아버지와 다를 바가 없었다. 젊은 시절의 명예도 권력도 세월 앞에서는 어쩔 수 없는 공 쏠이거늘. 큰 집에 혼자 사는 모습이 쓸쓸하게 보였다. 혼자서 호스트 역할이 쉬운 일은 아닌데 사람이 그리워 서바스 활동을 하시는 것 같아 친근함을 넘어 연민이 더 크게 느껴졌다.

현관을 들어서면 오른쪽에 부엌이 있고, 부엌에서 현관으로 가는 곳에 방이 하나 있다. 예전에는 식사 공간이었는데 지금은 그의 사무실로 쓰고 있었다. 부엌 왼쪽은 본래 차고인데 한창 사업이 잘될 때는 사무실로 사용했던 흔적이 곳곳에 남아 있었다. 차고 문과 이어진 곳에 거실이 있다.

거실 왼쪽에 장식장과 TV가 있고, 장식장 위에는 추억을 불러올 흑백 가족사진이 놓여 있다. 현관과 마주한 거실 끝에는 여전히 주인을 기다리는 듯 피아노가 있다. 거실 오른쪽 벽에 매달린 책꽂이에는 두 세대를 아우르는 책이 잔뜩 꽂혀 있다.

거실 입구에서 직진하면 오른쪽에는 올리버가 쓰는 가장 큰 방이 있고, 왼쪽에는 창고처럼 여러 가지 물건을 보관하는 작은 방이 있다. 우리는 거실과 분리된 부엌에서 가까운 곳에 짧은 복도로 연결된 방 두 개와 딸린 화장실을 사용하였다. 방이 총 5개인 단순한 구조이다. 호주는 중산층 가정의 집에는 대부분 다이닝룸과 리빙룸이 있는데 자녀들을 키우고 사업을 하던 시절에 침대 방으로 고쳐서 다이닝룸 없이 지금의 구조로 살아온 모양이다.

부엌에서 밖으로 나가면 차광막을 친 테라스가 있고 ㄱ 자 형태의 정원이 있다. ㄱ 자로 꺾어진 화단은 우리가 자는 방 앞이다. 빨랫줄이 있고, 각종 비료며 깨어진 화분들이 집의 역사를 증명하듯 널브러져 있다. 테라스에는 테이블 세트와 바베큐 세

트가 놓여 있고, 천으로 된 소파가 부엌 쪽 벽에 자리한다. 담과 이어진 벽 모서리에 선반을 만들어서 집수리 및 자동차 정비 등에 필요한 각종 연장과 도구들을 정리해 두었다. 인건비가 워낙 비싸니까 웬만한 집안일은 스스로 고치고 만들기 위해서 여러 가지 도구나 자재를 보관하는 창고는 필수이다. 작동도 하지 않는 작은 분수대에는 물 대신 새집이 있다. 올리버는 날아오는 새들에게 모이를 주고 정원을 가꾸며 아침 시간을 소일한다. 새들이 그의 친구인 듯하다.

    이웃집과 맞닿은 그늘진 담 구석에 작은 연못이 위치한다. 능소화를 닮은 주황색 꽃이 낯선 이방인이 어색한지 수줍게 웃고 있었다. 도로 쪽 담벼락에는 아이비를 닮은 바싹 마른 넝쿨 식물 잎이 빛바랜 모습으로 햇살에 마지막 숨을 깔딱거렸다.

    집 안은 바깥보다 더 추웠다. 가져간 전기 매트를 침대 위에 깔고 잠시 눈을 붙였다. 자고 나니 좁은 비행기 안에서 숨죽였던 근육들이 다시 깨어나는 듯 피곤이 사라졌다. Oliver가 준비한 빵과 시리얼, 잼 등으로 아침을 먹었다. 올리버는 평상시처럼 브런치(brunch)를 먹을 거라면서 모닝커피만 한 잔 마셨다.

    선물로 준비한 매화와 난초 그림이 든 액자와 기념품 매장에서 산 아리랑 부채를 드렸다. 액자 속 그림에 관심을 보이며 수채화로 그렸는지 물었다. 수채화인데 먹을 사용해야 하는 한국화 기법을 설명해도 계속해서 고개만 갸우뚱거렸다. 한국화를 본 적이 없으니 이해하기 어려운 모양이었다. 직접 그림을 그리면서 보여 주면 가장 좋은 방법이지만 그림 도구를 가져오지 못해서 안타까웠다. 뛰어난 솜씨는 아니더라도 내가 직접 그린 그림을 드리니 소장하고 있던 예술작품을 기증하는 것처럼 뿌듯했다. 그림 하나로 서양과 다른 한국문화를 알릴 수 있는 서바스 시스템이 고마울 뿐이다.

딸의 글 호주에서 처음 만나는 서바스 호스트는 올리버, 80이 넘은 할아버지였다. 스파클링 와인을 좋아해서 날마다 반주로 한 두 병씩 마신다고 한다. 넓은 집에 혼자 사는 게 얼마나 외로울까? 그 때문에 혹시 알코올에 중독된 것은 아닐까 은근 걱정되었다. 우리 가족으로 인해서 며칠 동안이라도 오랜만에 가족을 만나는 듯한 즐거운 마음을 가지시면 좋겠다.

평화로운 퍼스 시내

8월 6일

    퍼스 시내로 외출을 했다. 호스트 집에서 시내로 나가기 위한 대중교통은 기차와 버스가 있다. 기차를 타려면 한참 걸어야 하고, 버스정류장이 집에서 가까워 버스를 이용하였다. 호주는 버스도 타는 곳에서부터 내리는 곳까지 거리와 구역에 따라 요금이 다르다. 택시처럼 승객이 타는 거리만큼 요금을 내는데, 합리적이지 않은가? 퍼스에도 외국인들이 애용하는 한국의 티머니와 같은 교통 카드를 이용할 수 있지만 우리는 이틀 뒤에 차를 렌트할 예정이라서 현금을 내고 다녔다. zone 1에 속하는 거리는 기본요금이 1인당 3불 20센트, 원데이(one day) 티켓은 12불 70센트라서 후자를 택했다. 같은 zone에 속하면 24시간 이내 페리나 기차, 버스를 마음대로 탈 수 있어서 편리하다. 30분 만에 한 대씩 다니는 버스는 다행히 제시간에 맞추어 왔다. 한국과 비교하면 열악한 대중교통 시스템이지만 인구에 비하면 그다지 불편하진 않았다. 20여 분을 달려 아트 갤러리에서 내렸다.

    첫 번째 목적지는 Ribs & Burgers. 맛집을 찾아다니는 딸이 검색한 점심 장소였다. 주변 경관과 인테리어, 맛, 친절도, 가격 등으로 등급을 매긴다면 이곳은 별 5개 중 5개를 받을만한 곳이다. 교통이 편리하고 시내인데도 주도로보다 한 골목 안으로 들어간 곳에 있어서 덜 복잡했다. 레스토랑 입구가 특이하였다. 위가 뚫린 오각형 플라스틱 구조물들이 마치 전등처럼 식당 주변과 입구를 화사하게 밝혀 주었다. 각도만 달리한 채 똑같은 노란색으로 설치된 구조물은 조명을 켜지 않아도 햇빛을 받아서 채도와 명도가 다르게 보였다. 개나리색, 진노란색, 겨자색 등 밝고 어두운 다양한 노란색으로 조화를 이루었다. 밝은 빛을 받고 들어오는 손님들은 저절로 기분이 좋아지지 않을까. 한쪽 코너에는 커피밀, 드리퍼, 자동 머신, 커피 잔 등 오래된 여러 가지 소품들이 가게의 역사를 증명하고 있었다. 하나하나 신경 쓴 실내 인테리어도 매출 증가의 플러스 요인이지 싶다.

점심시간 전이었지만 손님이 제법 있었다. 가게의 이름처럼 유명한 포크립과 버거, 칩스, 주스를 시켰다. 포크립은 소문을 능가할 만큼 양도 많고 맛있었다. 버거는 매우 커서 딸과 내가 나누어 먹어도 부족하지 않았다. 남편도 맛있다며 먹는 얼굴에 미소가 가득했다.

호주는 상도商道를 잘 지키는 나라다. 특히, 식당의 위생시설과 점검은 철저하다. 언젠가 우리나라에서 콩나물을 빨리 키우려고 인체에 해로운 약품을 넣어서 난리가 난 적이 있었다. 만약 호주에서 그런 짓을 했다면 벌금은 물론 그 사람은 평생 그 업종을 다시는 할 수 없게끔 조치한다.

우리나라처럼 음식점에서 커피 자판기를 들여놓고 공짜로 주는 식당은 단 한 곳도 없다. 식사 후 마실 커피는 커피 전문 매장에서 사야 한다. 코스든지 단품으로 식사를 하든지 디저트로 뭔가를 먹으려면 별도로 돈을 지불해야 한다. 디저트까지 주는 한국의 식당 문화에 젖은 우리나라 사람은 정이 없는 상술이라고 생각할 수도 있다. 로마에 가면 로마의 법을 따라야 하는 것처럼 이렇게 하는 것이 호주의 올바른 영업 방식이다. 요리를 하는 것과 커피와 음료를 만드는 것은 질적으로나 노력으로나 서로 다르다. 서로의 직업을 존중한다는 의미일 수도 있고, 식당과 커피숍이 함께 공존하는 길이기도 하다.

점심을 먹은 후에 아케이드가 즐비한 런던코트(London Court)를 지나 엘리자베스 키(Quay)까지 걸었다. 엘리자베스 키는 공원과 연결된 유명 관광지이며, 선착장이다. 선착장 앞 둥근 광장에 있는 나무 데크는 공연도 할 수 있을 만큼 넓다. 한낮의 햇살은 여름처럼 따갑지 않고 꺼져 가는 불씨처럼 은근하게 다가왔다. 겨울이라 관광객들은 많지 않았다. 데크에 누우니 따사로운 햇살이 얼굴을 간지럽힌다. 한국에서 공원 벤치에 누워 본 적이 언제였던가. 내가 사는 부산의 부둣가는 누울 여유로운 공간도 없거니와 길목에 누웠으면 남들이 뭐라고 할까. 나를 알아보는 사람이 없으니 긴장 해제, 실로 오랜만에 가지는 여유였다.

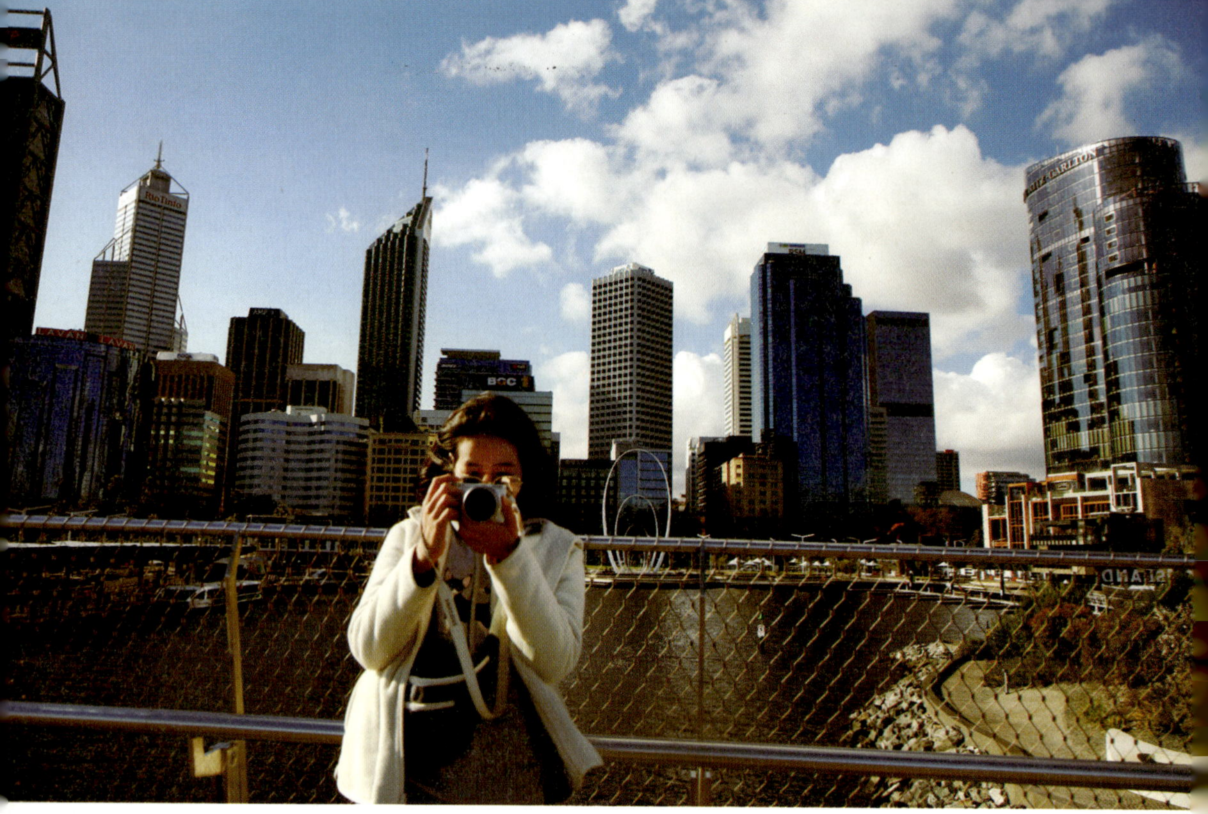

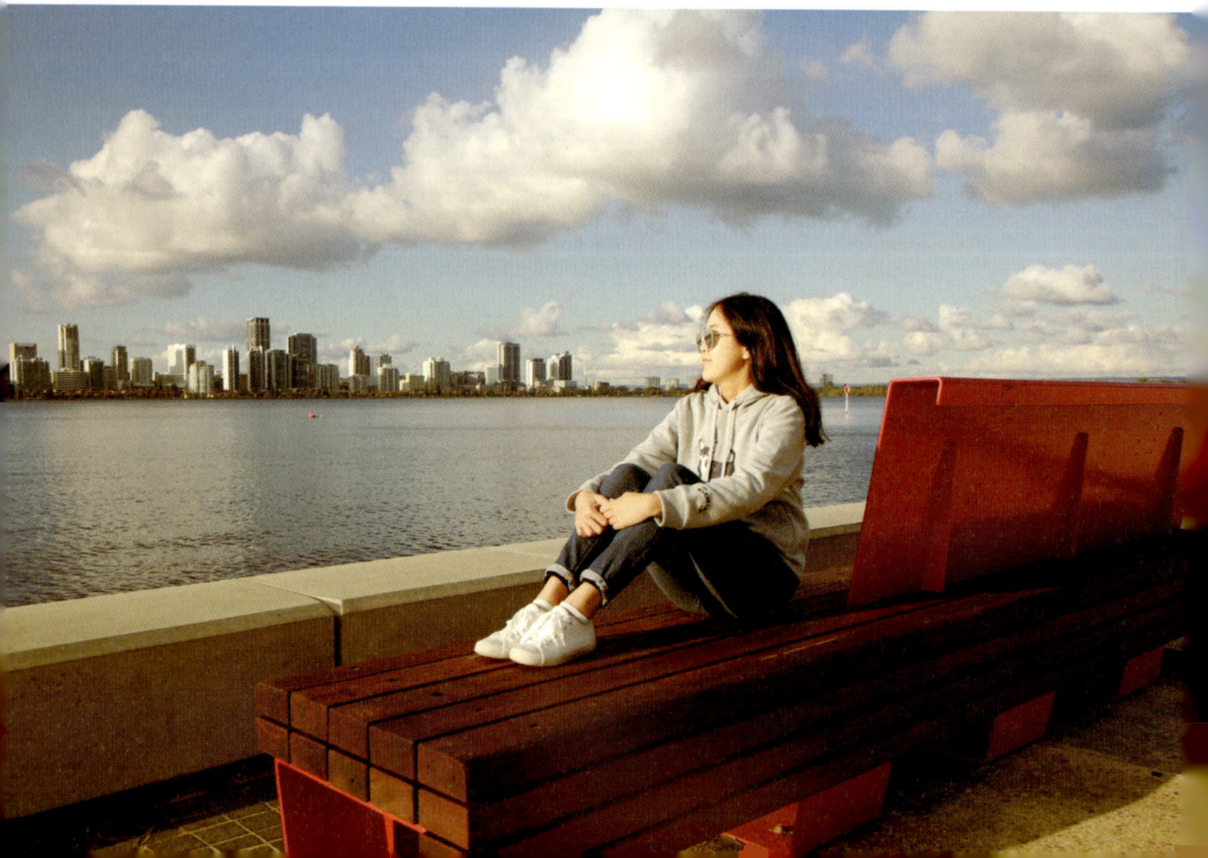

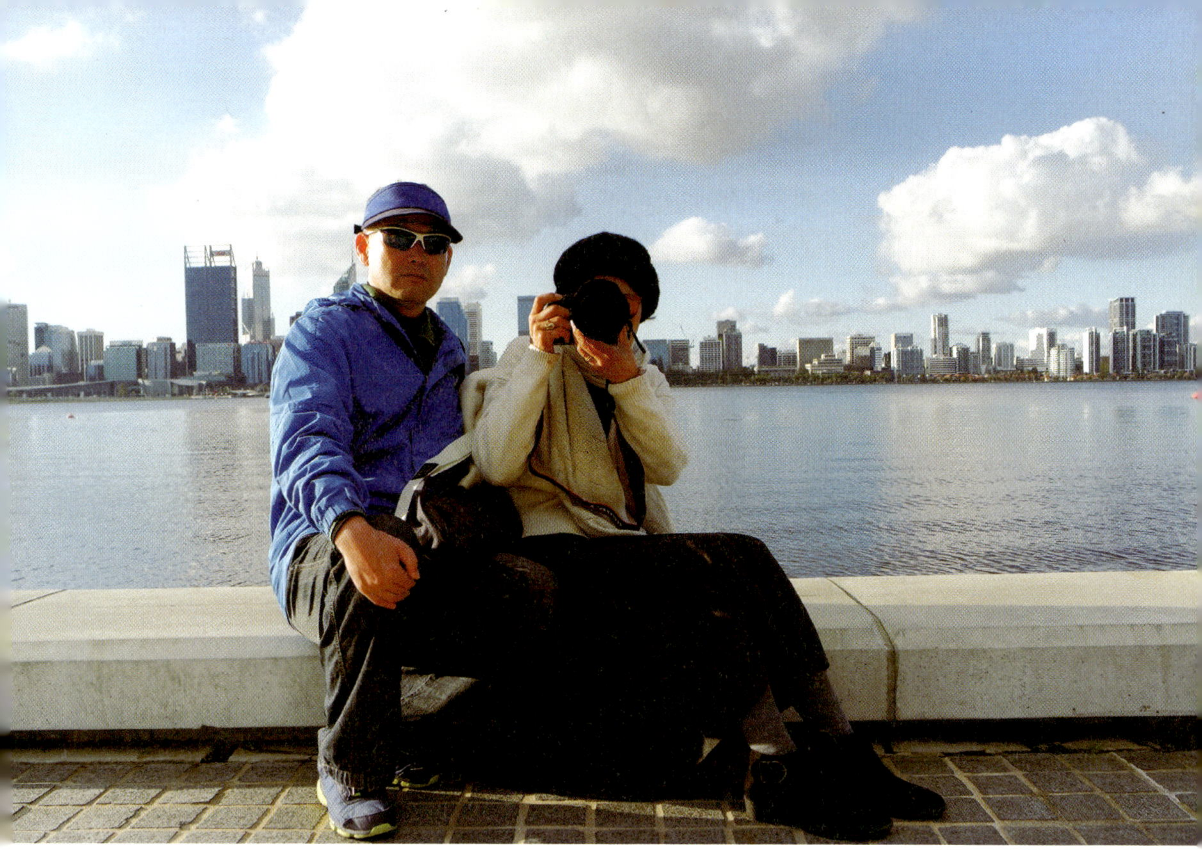

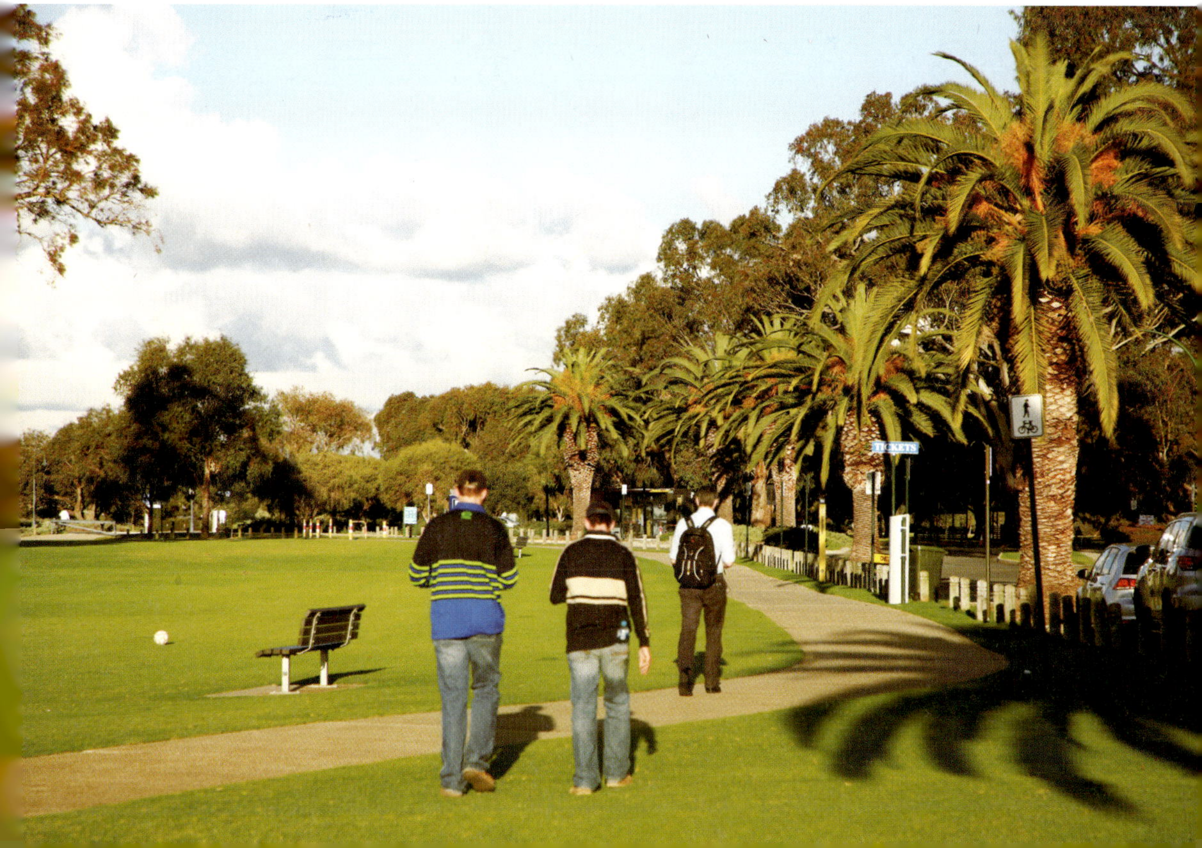
TICKETS

조용한 퍼스에도 건설 붐이 일고 있었다. 도심 곳곳에 높게 치솟는 빌딩에 관심을 가지는 일반인은 별로 없다고 한다. 호주는 바닷가 주변의 집들이 꽤 비싸다. 바다 뷰 때문에 가격이 만만찮다. 막 완공된 듯한 고급 아파트는 발코니에 판매 가격을 붙인 채 부자들의 손길을 기다리고 있었다. 무작위로 지어져 스카이라인을 엉망으로 만들지 않기를 바랄 뿐이다.

부둣가를 따라 형성된 나무 데크 길이 제티 선착장에서부터 엘리자베스 브리지까지 계속 이어졌다. 사진 찍기에 좋은 배경들이 많아서 곳곳에 뷰 포인트라고 표기되어 있었다. 걷는 할머니, 뛰는 할아버지, 자전거를 타는 젊은이 등 건강을 챙기는 사람들에게 천연 헬스장으로도 손색이 없겠다.

선착장에서 배를 타고 스완강으로 건넜다. 10명의 손님만이 전세를 낸 양 큰 배를 이용했다. 한낮의 강물은 세상일에 무심한 듯 천천히 흘렀다. 내려서 바라본 건너편

시티의 건물들이 각각 개성을 자랑하면서 조화롭게 어울렸다. 엘리자베스 키의 랜드마크인 벨 타워, 쌍둥이 아파트 등 똑같은 건물이 하나도 없었다. 직선과 곡선으로 치솟은 빌딩은 푸른 바다와 대비되는 은색으로 하늘 공간을 메꾸고 있었다.

　강을 옆에 끼고 펼쳐진 잔디밭은 겨울임에도 융단을 펼친 듯 초록빛으로 안정감을 주었다. 연인들이 서로 어깨를 기대고 쉬는 모습이 평화로웠다. 엄마와 함께 나온 꼬마가 공차기에 여념이 없었다. 둘이서 하는 축구가 재미가 있을까. 젊을 때 축구를 제법 했던 남편이 슬그머니 거들었다. 이방인의 등장에 부끄럼 없이 축구에 빠진 아이는 더욱 신이 났다. 오랜만에 공을 차는 남편은 아들과 함께 놀아 준 기억을 불러오듯 열심히 공을 몰거나 패스도 하고, 골키퍼가 되어 주었다. '잔디밭에 들어가지 마시오'의 경고 표지판에 익숙한 우리와 달리 잔디가 깔린 공원에서 마음껏 공놀이를 할 수 있는 일상이 부러웠다.

　배로 강을 건넜으니 돌아올 때는 버스를 타기로 했다. 인구가 적고 땅이 워낙 넓다 보니 버스 시간 간격이 길었다. 주민들은 버스 시간표를 핸드폰에 저장하거나 종이 시간표를 가방에 넣고 다닌다. 한참을 기다려 도심행 버스를 탔다. 아침에 원데이 패스(Oneday Pass)를 끊었기 때문에 하루 동안 차비는 따로 내지 않았다.

여행의 목적은 새로운 것에 대한 탐험이다. '금강산도 식후경', 이국적인 음식을 먹는 것도 탐색이다. 점심은 포크립을 먹었으니 저녁은 토종을 좋아하는 딸이 한식을 원했다. 간단하게 먹을 수 있는 한식당을 찾아서 나는 순두부찌개, 딸과 남편은 된장찌개를 시켰다. 양념은 한국에서 가져왔다 하더라도 채소는 현지에서 생산되는 것을 쓸 수밖에 없을 테다. 한국에서 먹던 것과는 맛이 조금 거리가 있었지만 먹을 만했다. 제법 인기가 있는 식당답게 다른 나라에서 온 관광객들과 현지인들도 간간이 자리를 차지하고 있었다.

도심에 어둠이 내리자 가로등이 제 역할을 하기 시작하였다. 창에 비친 가로등이 우리의 발걸음을 응원하듯 밝게 빛났다. 길가에 있는 가게에 손님이 많았다. 딸은 캥거루가 인쇄된 지퍼 달린 윗도리를 하나 샀다. 슈퍼마켓 울워스(Woolworths)에 들러 며칠 동안 먹을 빵, 과일, 시리얼 등 양식을 샀다. 중국 마트를 찾아 김치, 컵라면 등도 샀다. 어느 나라를 가든지 중국 마트는 항상 볼 수 있다. 상술에 능하고 박리다매를 하는 까닭에 이곳 역시 꾸준히 손님이 드나들었다.

　시간표를 검색하여 집으로 가는 버스를 탔다. 혼자서 어떤 저녁을 먹었을까. 올리버는 조용히 TV를 보고 있었다. 그의 외로움이 히터를 켜 둔 거실 바닥에 쓸쓸하게 흘러내렸다. 남편은 인사만 하고 들어가고 딸과 나는 소파에 앉아 그와 이야기를 나누었다. 오늘 보낸 일과를 조잘거리고, 내일 일정에 대한 조언도 받았다. 현지인 집에 머물며 생활의 일면을 보는 것이 진짜 여행이 아닐까. 임시 가족으로 머무는 동안 할아버지를 대하는 것처럼 딸은 다정하게 올리버에게 말을 걸었다. 우리의 작은 행동이나 말투가 올리버에게 기쁨이 되었으면 좋겠다.

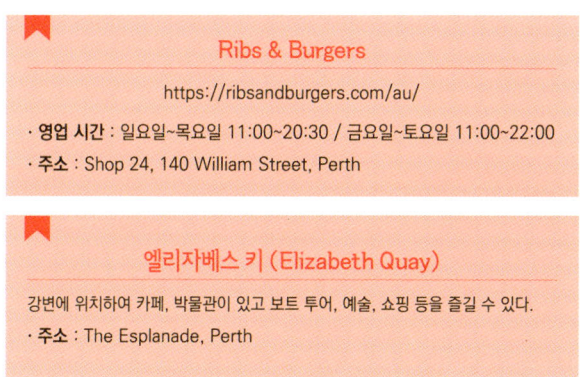

딸의 글 퍼스는 서호주의 주도이지만 시드니, 멜버른 등의 큰 도시에 비하면 덜 복잡하고 평화로움이 느껴지는 도시였다. 올리버 할아버지가 가이드를 해주셔서 서호주 대학과 킹스파크를 다녀오니 퍼스가 더욱 평화롭게 느껴졌다. 넓은 잔디밭에 앉아서 강의하고 토론하는 모습을 보니 우리나라에는 한 번이라도 저런 형식으로 강의하는 대학이 있나 싶었다.

110년이 넘는 역사 깊은 대학 건물이 아름다웠다. 다양한 크기의 아치형 창문, 예쁘게 장식된 발코니, 하나하나 정성 들여 쌓아 올린 벽돌, 건물 앞에 있는 창문이 멋지게 반영되는 인공 연못까지 마음에 들었다.

재미있는 놀이터에서 신나게 노는 아이들의 행복한 웃음소리, 느긋하게 그림 그리던 여유 넘치는 화가 아주머니, 공원에서 즐겁게 식사하고 커피 마시는 할아버지들의 기분좋게 웃던 모습도 기억에 남는 하루였다.

일일 가이드 올리버

8월 7일

　올리버가 일일 가이드를 한 날이다. 아침을 먹고 집에서 8km 정도 떨어진 곳에 있는 킹스파크(King's park)로 향했다. 규모는 약 400ha, 130만 평에 이르는 아주 큰 공원으로 우리끼리 갔으면 입구도 못 찾을 뻔했을 정도로 여기저기 출입구가 많았다. 이름처럼 도심공원 중 세계에서 손꼽을 정도로 넓다. 이곳은 우리나라로 치면 현충원의 역할을 한다. 세계 곳곳의 전장에 참전하여 전사한 병사들을 추모하는 탑과 기념 분수, 조각물, 수목장 나무들을 여기저기서 볼 수 있었다.

　호주 사람들은 환경을 가꾸는 일에 개인이나 기업 할 것 없이 앞장선다. 이를 증명하듯 공원으로 들어오는 잘 닦은 도로에 기증자의 이름이 적힌 나무들이 사열식 하듯이 위풍당당하게 서서 그늘을 만들고 있었다. 새마을 운동과 산림녹화 사업으로 우리나라 강산도 초록으로 탈바꿈하고 수목이 울창해졌다. 개인이 수목을 기증하여 그들의 이름을 붙인 공원도 생겨날 일이 머지않으리라 여긴다.

바라만 보아도 속이 후련해지는 뷰 포인트에 섰다. 용두산공원처럼 제법 높은 지대에 있어서 퍼스 시내와 스완강의 전경이 한눈에 들어왔다. 관광객들이 꼭 찾는 장소로 우리가 있는 동안 여러 나라 사람들이 다녀갔다. 겨울바람이 불어 머리카락이 제멋대로 춤을 추었다. 오랫동안 경치를 보며 사색에 젖고 싶었지만 바람이 쌀쌀하여 호수와 분수로 둘러싸인 보타닉 가든(Botanic garden)으로 갔다.

가는 길가에 수목장으로 심은 나무들이 즐비하였다. 전장에서 목숨을 바친 젊은이들의 이름 적힌 팻말이 나무 앞에 줄지어 서 있었다. 자식이나 조카, 손주를 전쟁터로 보낸 가족들을 위로하는 하나의 방법인 듯하다. 나라면 과연 다른 나라의 평화를 위하여 자식을 전장에 보낼 수 있을까. 나무 앞에 새겨진 숭고한 그들의 이름을 보며 묵념을 올렸다. 한국전쟁 때 참전했던 군인들을 추모하기 위해 만든 부산유엔평화공원이 오버랩되었다. 그곳에 안장된 전사자 중 가장 어린 병사의 이름을 딴 도은트(Daunt) 수로를 만들었는데 그도 호주인이다.

Australia

　명칭은 보타닉 가든이지만 별도의 입장료가 없는 누구에게나 친근한 공원이다. 잘 가꾸어진 넓은 잔디밭은 가족들의 소풍 장소로, 연인들의 데이트 명소로도 손색이 없었다. 아이들은 잔디밭이나 놀이터에서 뛰어놀 수 있고, 연인들에게는 스킨쉽을 나누어도 아무도 흉보지 않는 천연 정원이다. 다양한 식물을 만날 수 있고 호숫가를 산책하기에도 좋은 곳이다. 호수에 놓인 징검다리를 건너는 노부부의 실루엣이 머지않아 도래할 나의 미래로 다가왔다. 백발로 천천히 걸음을 내딛는 다정한 두 분의 모습이 감동으로 밀려왔다. 건강하게 나들이할 나의 세월은 얼마나 남았을까.

　식물과 동물에 대한 설명은 가이드가 따로 없어도 될 정도로 자세하게 적혀 있었다. 인공적으로 과하게 꾸미지 않고 자연 친화로 만들어진 놀이터가 인상적이었다. 나무를 자르지 않고 옆으로 미끄럼틀 지지대와 계단을 만들기도 하였고, 나무 지지대를 이용해 정글짐을 만들었다. 아이들은 놀면서 자연스럽게 자연과 친해질 것이다. 놀이터에서 뛰노는 꼬마의 웃음소리는 물비늘이 되어 호수에서 반짝거렸다. 몇 년 뒤에는 조감도처럼 제법 큰 놀이동산으로 변할 모습이 상상되었다.

　햇살이 좋아서 가족들뿐만 아니라 노인들이 많았다. 그림을 그리는 화가 두 분이 눈에 띄었다. 그중 한 분에게 말을 건넸다. 그녀는 여행을 많이 다닌 듯했다. 휴대하기 좋은 팔레트와 물통 세트를 영국에서 샀는데 아주 유용하다고 자랑을 했다. 그녀가 그리고 있는 분수에는 자연의 여유로움과 생동감이 넘쳐흘렀다.

　커피하우스에는 간단하게 점심을 즐기는 사람들이 줄을 섰다. 가게 안은 물론 야외테이블에 앉은 할아버지들의 행복한 웃음소리가 끊이질 않았다. 동네 친구인지 동호회 회원인지 알 수는 없으나 우리나라 아줌마들의 계모임처럼 밥 먹고 수다 떠는 모습이나 퇴근 후 직장인들의 회식 모임과 별반 다르지 않았다. 다른 점은 시끄럽게 떠드는 사람도 없고, 술에 취해 주정하는 사람이 없었다. 그들을 보면 돈이 많다고 꼭 여유롭고 행복한 것은 아니었다. 주어진 환경에서 인생을 즐기는 마음가짐이 가장 중요 요인이 아닐까. 한낮의 겨울 햇살은 봄볕처럼 따사롭고 폭닥하였다. 우리도 커피와 아이스크림을 먹고 다시 자리를 옮겼다.

다음으로 간 서호주 대학은 공원에서 그리 멀지 않은 곳에 자리 잡고 있었다. 대학 입구에서 맞이한 대학건물 외관은 교회처럼 보인다. 1911년에 영국에서 가져온 사암으로 지었다. 건축 양식, 자재 하나하나에 대학의 역사가 고스란히 담겨 있었다. 대학 시절을 회상하며 당시 상황을 말하는 그의 얼굴에 미소가 번졌다. 추억의 책장을 넘기는 올리버는 20대 청년이 되었다.

넓은 잔디밭에서 토론하거나 노래를 부르는 학생들, 잔디밭에 누운 학생 등 다양한 활동을 하는 모습이 자유분방해 보였다. 나도 젊음 속으로 들어가고 싶었다. 6개의 도서관이 있다는데 지나가며 본 도서관은 쉬지 않고 움직이는 몸속의 혈관처럼 오가는 학생들로 붐볐다. 어느 건물 벽에는 타일을 소재로 모자이크로 만든 세계 지도가 있었다. 어서 오라고 손짓하는 벽화 속으로 나는 빠져들었다. 울루루도 상상하고, 살았던 시드니도 찾아보았다.

강의실에서 들려오는 소리가 나를 잠시 대학 시절로 데리고 갔다. 고등학교보다 못한 교수님들의 강의법이 고루하여 전혀 마음에 들지 않았다. 토론은 아예 없었고, 설명식 수업과 과제로 리포트만 제출하라는 지시에 배우고 싶은 욕구는 하나도 일지 않았다. 오빠 덕분에 타 대학의 강의실을 기웃거렸던 나는 우리 대학 교수님들의 구태의연한 지도법에 시름시름 앓는 암탉처럼 대학 생활에 낙이 없었다. 어떤 과목은 시험 날 결강을 했고, F학점을 받았다. 이듬해 재수강을 했는데 토씨 하나 틀리지 않고 똑같은 내용으로 강의하는 교수님에 대해 혐오감이 생겼다. 교수라는 직책만으로 연구도 하지 않는 사람들이 월급만 축내는 사회현상을 받아들이기 힘들었다. '이런 학교를 계속 다녀야 하나?' 한동안 갈등하며 오랫동안 세월만 낚았다.

오랜만에 가이드 노릇을 하는지 올리버는 무척 행복해 보였다. 60년 전에 이 대학에 다니며 누렸던 추억, 지금 유니언 회원으로 각종 시설과 레스토랑을 이용할 수 있다는 것을 우리에게 자랑하면서 얼마나 흐뭇해하는지 그의 표정만 봐도 알 수 있었다. 덕분에 우리도 그를 따라 들어간 뷔페 레스토랑에서 회원가로 먹을 수 있었다. 야외 테라스에서 따뜻한 햇볕과 함께 소풍 같은 점심을 즐겼다.

점심 후 쏟아지는 햇살을 안고 퍼스에서 남쪽으로 30km 떨어진 소도시 프리맨틀로 갔다. 오래된 유적지로 유명한 곳이지만 평일 오후라 거리는 한산했다. 한국의 어느 작은 시골 마을에 온 듯하였다. 감옥으로 쓰인 라운드 하우스, 성당, 대관람차 등 볼 것이 많지만 내일 여기서 로트네스트 섬으로 갈 배를 타기 때문에 매표소를 향해 걸었다.

항구로 가는 길에는 컨테이너를 실은 차량만 분주하게 다녔다. 감옥으로 사용했던 곳은 주택으로 개조되었다. 어떤 사람들이 저곳에 살까. 궁금증만 쌓일 뿐 창문이 열린 곳은 없었다. 야외 소파도 놓여있고, 주인 없는 집을 지키는지 묶인 개도 보였다. 꽃과 나무가 담긴 화분과 쓰레기통만이 사람이 산다는 흔적을 보여 주었다.

도깨비시장이 열리는 금요일부터 이 도시는 살아난다. 한적한 거리만큼 가게에도 손님이 거의 없었다. 우연히 들어간 퍼브(pub)는 골든 러시 때부터 현재까지 명맥을 이어 오는 곳이었다. 벽에 붙은 빛바랜 사진들이 전성시대의 프리맨틀을 보여 주고 있었다. 남편은 커피, 딸과 나는 아이스크림, 올리버는 와인 주스를 시켰다. 와인 주스는 화이트 와인이다. 운전하는 분이 대낮부터 웬 술이야. 걱정되었지만 알코올 도수가 높지 않아서 괜찮다고 했다. 엄격한 음주 단속이 심한 한국 운전자인 나는 집으로 오는 내내 긴장의 끈을 놓을 수가 없었다.

저녁은 내가 주방장, 딸이 옆에서 도왔다. 냄비에 밥을 하고, 불고기를 볶았다. 버섯과 양파를 넣은 가지볶음을 만들고, 양상치를 이용한 샐러드도 준비하였다. 쌈 싸서 먹는 방법을 알려 주니 불고기에 된장을 얹어서 맛있게 드셨다. 항상 혼자서 외롭게 끼니를 해결했을 텐데, 오늘 하루만이라도 여럿이 먹는 행복함을 느꼈으리라 짐작한다.

여행자들에게 행복은 특별한 것이 아니다. 자신이 살았던 곳과 다른 생활 모습을 보는 것, 불가능한 일을 성취해 낸 인간의 역사에 고마워하고, 대자연에 감동하는 일일 것이다. 나아가 따뜻하고 맛있는 한 끼의 밥을 먹을 수 있는 것, 침대에서 푹 잘 수 있는 것으로도 만족이다. 어쩌다 현지인들과 대화를 나누고, 그들의 생활 속으로 뛰어들 수 있으면 기쁨은 배가 된다.

킹스 파크(King's Park)

https://www.bgpa.wa.gov.au/kings-park

세계에서 가장 크고 아름다운 도심공원 중 하나이다. 3,000여 종의 식물이 전시된 식물원이 있고, 공원 중 3분의 2가 관목지로 보호되고 있다. 또한 도시의 스카이라인을 한눈에 볼 수 있는 전망대도 있다.

· **주소**: Fraser Ave, Perth

쿼카가 사는 섬 로트네스트

8월 8일

쿼카(Quokka)는 로트네스트 섬에서만 서식하는 캥거루과에 속하는 동물이다. 모습은 쥐를 닮았지만 두 발로 설 수도 있고, 아기 주머니가 있는 포유류이다. 네덜란드 탐험가 윌리엄 더 블라밍은 섬에 도착해서 쥐들이 돌아다니는 것을 보고 이름을 붙였다. 네덜란드어로 '쥐'라는 뜻을 가진 'Rot'와 서식지라는 'nest'가 합쳐져서 로트네스트 아일랜드라 불렀다. 과거에는 원주민들의 감옥으로 사용되었고, 전쟁 때는 군사적 방어 시스템으로 기능하는 등 역사적으로도 의미가 있는 곳이다.

로트네스트 섬은 서호주 퍼스에서 배로 1시간, 프리맨틀에서는 30분이면 갈 수 있

어서 이번 여행의 처음 목적지를 퍼스로 정했다. 퍼스에서도 갈 수 있으나 운항 횟수가 적어서 어제 다녀온 프리맨틀에서 출발하기로 했다.

집에서 나와 버스를 타고, 다운 타운에서 프리맨틀행 기차로 갈아타고 도착하니 약 50분 정도 소요되었다. 다행히 배 출발 시간에 늦지 않았다. 중국 단체 관광객들이 와자지껄 소란스러웠다. 그들의 모습에서 해외여행 문이 열렸을 때 각종 매스컴을 떠들썩하게 나라 망신시키던 한국 관광객을 보는 듯했다. 저들도 세월이 흐르면 세계 시민으로서 지켜야 할 기본예절과 태도를 익히며 달라지리라 짐작한다.

바다는 우리 마음을 아는지 모르는지 햇살은 보이지 않고 잿빛으로 젖어 있었다. 정확하게 39분 걸려 로트네스트 아일랜드에 도착하였다. 선착장이 톰슨 베이에 있고, 동서 길이 약 11km로 생각보다 제법 큰 섬이다. 섬에서 가능한 낚시, 수영, 스노클링, 서핑 등 할 것이 많지만 하루 여행객으로 할 수 있는 것은 자전거나 버스 투어뿐이었다. 관광안내소에서 섬을 한 바퀴 일주하는 버스 투어를 신청하였다.

몇 군데의 여행사에서 투어를 진행하는 터라 여행객들은 각기 다른 시간대의 버스를 탔다. 작은 투어 배, 바다 동물, 푸른 물결이 일렁이는 바다의 사진이 우리가 탈

버스에 부착되어 있었다. 섬의 곳곳을 알리는 광고 효과로 성공한 셈이다. 우리가 탄 버스는 30분마다 한 대씩 다녔다. 시계 방향으로 일주하는데 뷰 장소마다 타고 내릴 수 있는 시스템이다.

처음 도착한 곳은 파커 포인트(Parker Point). 계단을 따라 절벽 아래로 내려갔다. "오! 세상에나!" 썰물인 바닷가는 아무도 발 디딘 적이 없는 태초의 모습 같았다. 밀가루를 뿌린 듯 하얀 모래는 그냥 보듬어주고 싶은 숫처녀처럼 속살을 드러내었다. 자연은 처음

부터 자신의 고유성을 가지고 탄생한다고 한다. 인도양이라 그런지 태평양에 속한 시드니나 케언즈에서 보았던 바다와는 살짝 다른 느낌으로 다가왔다. 짙은 산호빛 물색과 물 밑의 바위로 인해 검게 보이는 바다가 확연히 대조되는 색으로 우리를 매료시켰다. 파도에 실려 온 나뭇가지들이 연흔에다 짙게 색을 입혔다. 소리 없이 사뿐사뿐 걷는 새 한 마리, 네가 이곳의 주인이더냐. 자분자분 모래 위에 존재를 남긴다.

계단을 올라오니 버스가 저만치 가고 있었다. 다음 버스를 기다리는 것보다 걷는 게 더 빠를 것 같아서 걸었다. 우리처럼 걷는 사람들이 제법 있었다. 길을 걸으면서도 때 묻지 않은 호주 원시림을 볼 수 있었다. 유칼립투스와 낮은 잡목, 이름 모를 풀들이 덮힌 언덕이 끊임없이 따라왔다. 바다 내음과 유칼립투스의 향기에 취해서 콧노래가 절로 나왔다.

10여 분을 걸어서 도착한 장소는 살몬 배이(Salmon Bay). 바다는 잠깐 나온 햇살을 받아 세상의 푸른색은 다 가져다 놓은 듯 켜켜이 다른 색으로 벨롱벨롱거렸다. 처음 간 곳보다 큰 바위가 많아서 물색이 더 짙었다. 모래는 해운대처럼 까끌한 입자가 아니라 서해안 모래와 비슷하게 흙처럼 느껴졌다. 여름에는 관광객이 제법 많을 예쁜 곳이다. 몇 겹의 푸른색 그라데이션(gradation)으로 반짝이는 바다는 보석처럼 아름다웠다.

버스를 타고 다음 장소인 등대 정류소에서 내렸다. 섬에는 와제뭅(Wadjemup)과 바트스트(Bathust) 두 개의 등대가 있다. 우리가 갔던 '물을 건너는 장소'라는 뜻을 지닌 와제뭅 등대는 정류장에서 600m 정도 올라가야 했다. 깜깜한 밤에 항해하는 선박들의 길잡이가 되기 위해선 높은 곳이 더 좋겠지. 하얀색 등대는 높이 약 38m로 호주에서 4번째로 높다. 1896년에 건설된 것으로 1849년에 20m로 지어진 처음 것보다 더 높다. (출처, https://www.rottnestisland.com/)

올라가는 길은 경사가 완만해서 힘들지 않았다. 옆으로 꺾어진 큰 가로수가 죽지 않고 그 상태로 생을 유지하고 있었다. 누운 나무에 새로운 가지가 수직으로 자라

고 있었다. 놀라운 자연의 회복력이다. 오르면서 처음으로 쿼카를 만났다. 여행 목적이 쿼카를 보는 것이라던 딸은 사진을 찍느라 정신이 없었다. 쥐를 닮은 녀석이 웃는 것처럼 보이려면 아래서 위로 찍어야 그럴듯해 보인다. 사람이 짐승보다 몸을 더 낮출 수밖에. 차마 눕지는 못하고 나는 앉아서 딸과 쿼카를 함께 앵글에 담았다.

살아가면서 자신을 낮추어야 하는 일이 얼마나 많은가. 살아남기 위해서, 내가 필요해서, 어쩔 수 없는 상황에서. 겸손해질 수밖에 없는 삶의 논리를 깨닫기까지 오랜 세월이 걸렸다. 자신을 낮추고 자신이 필요한 일에는 고개 숙이는 것이 오히려 떳떳하다. 정치꾼들은 선거 때마다 유권자들을 왕처럼 받들 듯이 몸을 굽힌다. 선거 후에는 안하무인으로 돌변하는 그들을 볼 때면 어떤 기준으로 정치꾼들을 뽑아야 하는지…. 선거철마다 정답이 없는 생각에 빠져들곤 한다.

사람 냄새를 아는 걸까. 하필이면 우리가 가는 길가에 왜 나와 있었는지. 몸값 귀한 쿼카는 멸종 동물로 포획이나 만지는 것을 금지하며 어겼을 시에는 벌금형이다. 쿼카의 자생력을 위해 사람이 먹는 음식이나 물을 주어서도 안 된다. 사람을 좋아하는 녀석은 겁내지 않고 먹이를 달라고 두 발로 서서 애교를 부린다. 사람이나 짐승이나 배가 불러야 기분이 좋아지는 모양이다.

 등대 건너편에 가게로 보이는 임시 건물이 보였지만 비수기라서 문이 닫혀 있었다. 다행히 챙겨온 간식을 먹으니 지친 발걸음에 힘이 솟아나는 듯했다. 천천히 길가에 핀 들꽃을 구경하며 버스정류장으로 내려왔다.

 다음으로 간 곳은 Cathedral rocks. 암석 위에 데크가 놓여있고, 파도가 높은 곳이라 들어가지 못하게 펜스가 가로막고 있었다. 아니나 다를까 성난 파도는 철썩 울부짖으며 큰 소리로 바위를 때렸다. 파도는 하루 이틀 사흘, 그리고 몇 겹의 세월을 지나오며 언덕을 깎고 바위를 쪼개며 단층 무늬를 만들어 놓았다. 도저히 인생 샷을 찍지 않으면 섭섭할 것 같은 멋진 배경을 포착하고 독사진도 찍었다. 바위틈으로 파도가 노래를 부른다. '철~~썩~~ 처~얼~썩~~' 숨바꼭질하듯 들락거리는 파도를 한

동안 바라보니 그동안 쌓였던 걱정거리가 사라지는 듯했다.

옆으로 살짝 벗어나서 블래밍 곶(Cape Vlamingh)으로 접어들면 바다사자들의 서식지가 나타난다. 바위 위에서 쉬고 있는 무리, 물속에서 놀고 있는 모습을 앵글에 담았다. 수컷의 눈치를 보는 암컷, 수컷에게 애교를 부리며 접근하는 새끼들의 모습에서 동물들의 서열을 보았다.

힘의 원리는 인간이나 짐승이나 다를 바가 없다. 인간의 힘은 돈이나 권력, 명예 등 여러 가지로 열거할 수 있으나 짐승은 오로지 싸우는 힘(power)뿐이다. 수놈끼리 싸워서 승리하는 녀석이 무리의 지배자가 된다. 패배자는 무리를 떠나서 홀로 남은 생을 살거나 다른 무리에 도전하여 새로운 집단의 우두머리가 되기도 한다. 힘도 권력도 돌고 돈다.

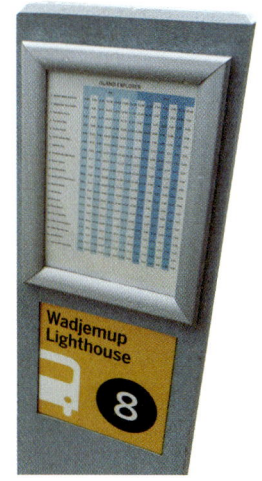

버스를 기다리는 동안 소나기가 내렸다. 겨우 몇 사람만이 피할 수 있는 정류소 시설에 사람들이 몰려와 복잡해졌다. 버스를 기다리면서 사람들과 이야기를 나누었다. 우산을 미리 준비한 사람에 붙어서 비를 피하였다. 우산 주인은 홍콩에서 온 여자 직장인인데 휴가차 남자 친구와 여행을 왔다. 3대가 함께 온 한국 관광객은 말레이시아에 사는 딸네 집에 방문했다가 다시 이곳으로 여행을 온 경우였다.

어디서부터 인연은 시작되는 것일까. 세상은 넓지만 좁기도 하다. 먼 여행지에서 한국인을 만나는 일은 74억 분의 1의 확률이다. 도저히 한국 사람은 오지 않을 오지에서 만난다면 얼마나 반갑고 기쁜 일인지. 떠났던 고향 사람을 우연히 만나기도 하고, 원수 같은 사이도 여행길에 엮어지기도 한다.

예정 시각보다 버스가 10분 늦게 왔다. 배꼽시계는 벌써 점심을 지났다. 볼거리가 더 남았으나 배가 고파서 곧장 식당이 있는 선착장으로 갔다.

'금강산도 식후경'이라고 배고프면 다닐 힘도, 여행할 재미도 나지 않는다. 차례를 기다려 주문한 음식을 먹었다. 식당 안쪽이나 밖에도 음식을 얻어먹으려는 쿼카가 있었다. 미소로 애교를 부리며 음식을 달라고 사람들 발 주위를 얼쩡거리는 모습이 구걸하는 걸인처럼 보여 씁쓸했다. 자연에서 짐승답게 살고 있었을 텐데 이들을 이렇게 만든 것도 관광객이 아닐까.

쿼카의 미소처럼 로트네스트 섬 여행이 모든 이에게 행복한 미소를 남긴다. 자연의 매력에 빠지고, 쿼카에 반한 하루였다.

딸의 글 나의 이번 여행의 목표는 쿼카를 보는 것이었다. 로트네스트 아일랜드는 쿼카들의 천국인 듯했다. 등대로 가는 길에 만난 쿼카는 생각보다 귀엽지 않았다. 쿼카는 미소를 짓는다고 했는데 미소는 볼 수 없었다. 식당 주변에서 보았던 쿼카는 이미 사람들이 주는 음식에 익숙해진 것 같아서 안타까웠다.

요즘 TV에서 내가 좋아하는 연기자가 팀을 이루어 호주를 여행하는 연예 프로그램을 방송한다. 어릴 때 다녀왔던 생츄어리 동물원에서 다치고 아픈 동물들을 보살피는 장면들이 나왔다. 치료 후 자연에서 스스로 살아갈 능력을 키울 수 있도록 동물을 보호하고 사랑하는 방법을 우리도 배워야 하겠다.

로트네스트 아일랜드(Rottnest Island)

https://www.australia.com/ko-kr/places/perth-and-surrounds/guide-to-rottnest-island.html

프리맨틀에서 서쪽으로 18km 떨어져 있는 섬으로 동물 쿼카가 서식한다. 깨끗하고 아름다운 바다색의 63개의 해변이 있다. 고요한 물에서 스노클링을 할 수 있고, 하늘에서는 스카이다이빙을 체험할 수 있다.

· **가는 방법**: 프리맨틀에서 페리 25분, 힐러리 보트 하버에서 페리 45분

돌덩이 미어캣 피나클스 사막

8월 9일

　세상살이가 종종 예상과 달리 빗나가는 일이 허다하다. 렌트카를 빌려 퍼스에서 북쪽에 있는 피나클스에 다녀오기로 하였다. 현지에 익숙한 지인에게 렌트카 예약을 부탁했는데 사무적인 착오가 있었는지 예약이 안 되어 있었다. 우리가 원했던 차량은 모두 대여가 되었고 작은 승용차를 다시 예약하느라 시간이 제법 걸렸다. 렌트해서 떠난 시각이 12시 50분이다. 너무 늦게 출발하였다.

　달려달려! 빠르게 운전하고 싶어도 4차선에서 2차선으로 줄어든 도로에 차들이 밀려 속도를 내지 못하고 서행을 했다. 거의 90분을 달려 란셀린(Lancelin)에 도착했다. 인도양의 해풍이 바닷가 모래를 날려서 자연스럽게 만들어진 바닷가 부근의 하얀 모래언덕이다. 계속 불어 대는 바람으로 사구의 모습이 조금씩 변하고, 끊이지 않는 사람들로 인해 새로운 길이 만들어지고 언덕의 형태도 바뀐다.

　어딜 가나 음주가무를 하는 우리나라 같으면 음식점이 즐비했을 텐데 먹을 곳이

하나도 없었다. 이곳이 관광지가 맞나 싶을 정도로 건물 하나 보이지 않았다. 달랑 샌드 보드와 모터바이크를 빌려주는 이동 가게만 있을 뿐이다. 점심시간이 훨씬 지나 집에서 만들어온 샌드위치, 샐러드, 사과로 점심을 대신하였다. 도시락을 싸 오길 잘했다.

모래사막을 달리고 싶었다. 사륜구동 모터바이크는 30분에 50A$, 샌드 보드는 10A$에 빌렸다. 남편이 먼저 모터바이크를 탔다. 오랫동안 운전한 베테랑인지라 모래에 빠지지 않고 스무드하게 돌아왔다. 운전 초보인 딸은 삐뚤빼뚤 뒤뚱거리며 걸음마를  배우는 아기처럼 멈추고 달리고 했으나 제대로 스피드를 즐기지는 못했다. 나는 영화 속 주인공처럼 머플러를 휘날리면서 신나게 달렸다. 제대로 다져진 길을 지나 그렇지 않은 곳까지 멀리 갔다. 그러다 모래에 빠진 바퀴가 헛돌았다. 모터바이크는 국내나 해외에서 몇 번 탄 적이 있었으나 모래언덕에서 운전은 생각만큼 쉽지 않았다.

Australia

겨우 빠져나왔다. 시간은 왜 그리 빨리 흐르는지. 시간을 넘길까 노심초사 기다린 남편은 "왜 그리 멀리 갔느냐, 모래에 빠져 못 나오면 어쩔 뻔했느냐, 당신이 제일 오래 탔다" 등으로 치사하게 화를 내며 성질을 부렸다.

샌드 보드를 타기 위해 다시 모래언덕을 올라가야 했다. 발이 쑥쑥 빠지는 터라 일보 후퇴 이 보 전진, 거북이처럼 엉금엉금 기어서 올랐다. 언덕 위는 생각 외로 바람이 매서웠다. 언덕 너머에는 또 다른 언덕이 보이고, 서쪽으로 바다가 어렴풋이 보였다. 시드니 포트스테판 모래언덕보다 길이는 훨씬 짧았으나 경사가 제법 있어서 신나기는 매한가지였다. 오랜만에 모래썰매를 타며 동심에 젖었다.

겨울이라 해가 짧았다. 남붕 국립공원의 한 부분을 차지하는 피나클스(Pinnacles) 사막으로 차를 몰았다. 피나클스의 사전적 의미는 고딕 건축에서 위쪽에 붙은 뾰족한 첨탑을 말하거나 등산에서 암벽 위 뾰족하게 튀어나온 돌기 부분을 말한다. 피나클스는 호주 원주민의 언어로 '바람 부는 강'이다. 왜 강이라 이름 붙였을까? 약 2만 5,000년~3만 년 전, 해안가였던 이곳에서 조개껍데기가 쌓이고 쌓여 다져진 석회암이 파도나 바닷바람에 의해 깎이고 깎여 1만 5,000여 개의 뾰족한 돌기둥이 생겼다.
(출처, https://www.australiascoralcoast.com/destination/pinnacles).

태양이 대지에 마지막 키스를 하려는 시각에 도착하였다. 강하게 내리쬐던 햇볕이 사그라진 시각, 피나클스 돌덩이들이 존재감을 드러내려고 마지막 안간힘을 쓰고 있었다. 이곳이 화성인가 사막인가? 노을빛을 받은 사막이 불그스름하게 물들기 시작하였다. 바다 노을처럼 짙은 붉은빛도 아니고 노란 개나리색도 아닌 주황을 띤 침착한 오렌지색이었다. 조물주가 저녁 파티를 위해 만들었나 싶을 정도로 이색적인 풍경이었다.

수많은 피나클스가 미어캣처럼 사막 위로 솟아 있었다. 어느 것 하나 똑같은 것이 없었다. 긴 것 짧은 것, 뚱뚱한 바위 가는 바위, 멋진 것 못생긴 것 등 각각 다른 모습으로

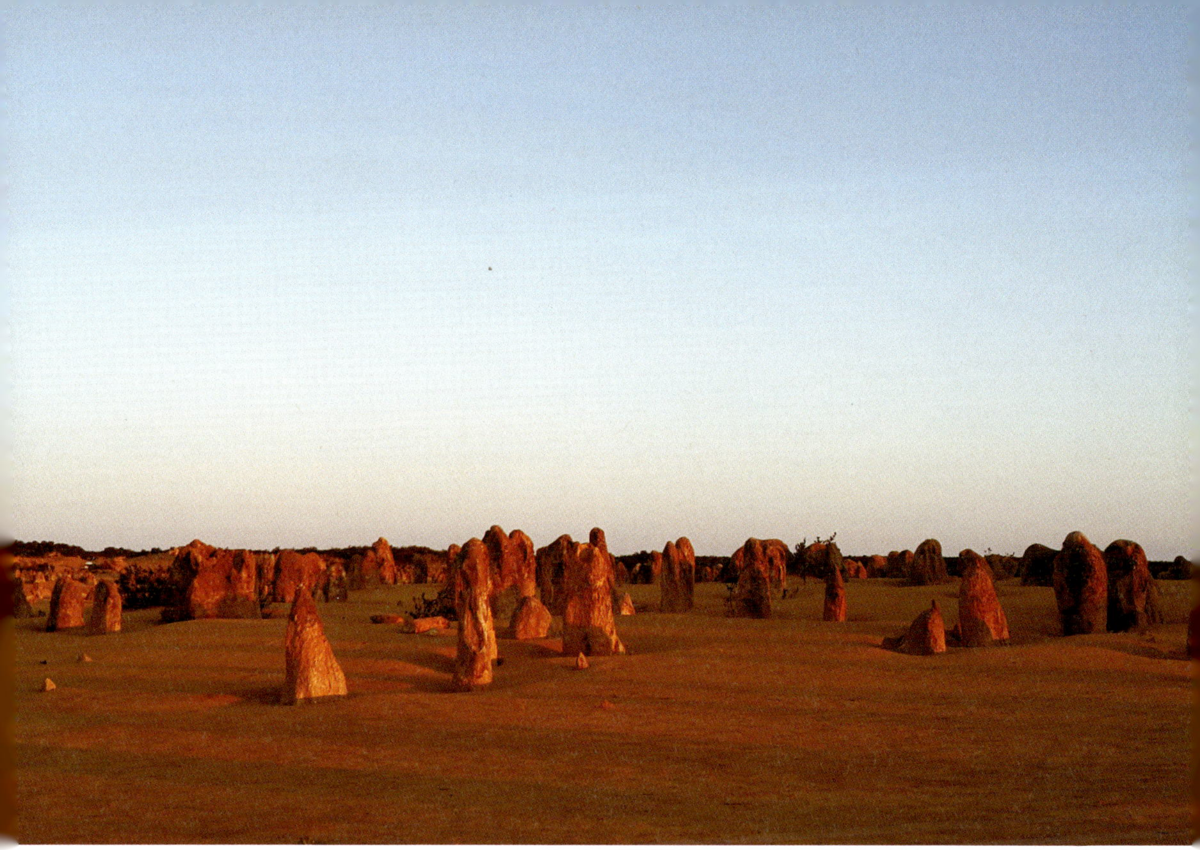

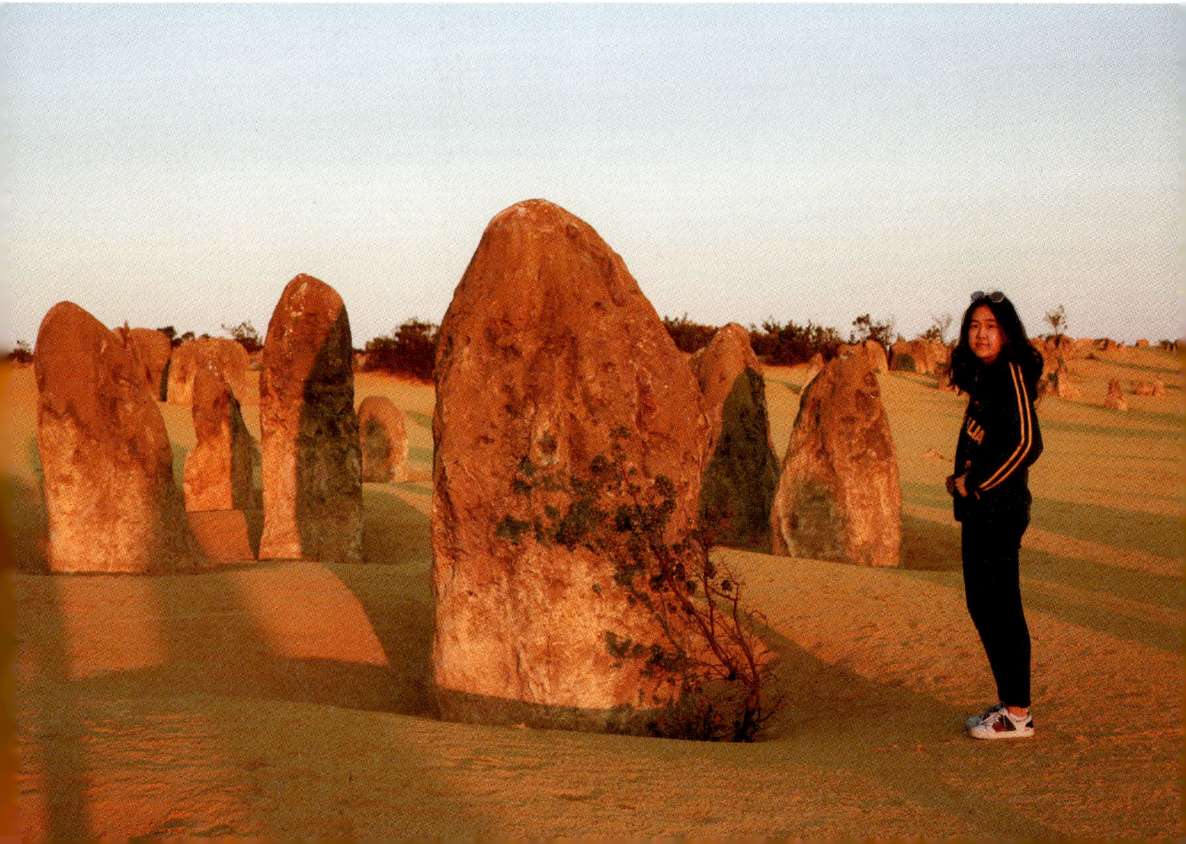

눈길을 끌었다. 3.5m에 달하는 키 큰 바위나 난쟁이처럼 작은 바위도 제 몫을 다하며 사막의 파수꾼으로 굳건히 제자리를 지키고 서 있었다. 바위틈에서 자라고 있는 이름 모를 식물 또한 지구의 것이 아닌 듯 흔히 보지 못한 모습으로 자라고 있었다.

이미 태양을 잃어버려서 바위의 모습 찍기는 실패로 돌아갔고 어둑하니 밤이 내려앉았다. 피나클스에서 얼마 멀지 않은 바닷가 마을에서 저녁을 먹으려 하였다. 랍스터를 먹을 생각에 내비게이션을 찍고 갔으나 식당을 찾기가 힘들어 마을 입구에 보이는 작은 식당으로 들어갔다. 다행히 미리 만들어둔 랍스터 세트가 있었다. 거금 78A$의 랍스터 세트를 시키니 콜라 한 병이 덤으로 나왔다. 살이 제법 통통한 바닷가재의 배 주변을 시작으로 다리의 하얀 속살을 하나하나 파내어 남김없이 쪽쪽 빨아 먹었다.

　피나클스로 돌아가는 2차선은 가로등이 없어서 아주 깜깜하였다. 운전에 익숙한 남편도 엉금엉금 천천히 차를 몰았다. 휴우! 피나클스 입구에 들어서자 우리 가족은 안도의 숨을 크게 쉬었다. 우리를 환영하듯 두 줄로 늘어선 바위는 자동차의 전조등처럼 길을 밝혀 주었다. 불빛을 따라 조심스럽게 주차장으로 들어섰다. 바위는 가로등에 반사되어 밝은 브라운 바바리를 입은 중후한 노신사 같았다.

　피나클스에 온 목적이 쏟아지는 별을 보는 것이었다. 카메라에 담으려고 전망대에 올랐다. 이론으로 익힌 별 촬영법이 먹히질 않았다. 이론과 실제는 언제나 다른 법이다. 사진 기술만 그런 것이 아니라 세상사가 온통 그러하다. 운전 실기가 그랬고, 밥 짓는 방법이 달랐고, 대학에서 배운 교육학 이론이 요즘의 아이들에게 먹히질 않는다. 몸으로 익힌 경험의 노하우가 온전한 자기 것이 되는 법이다.

　전망대에서 만난 홍콩 아가씨들의 조언과 팁으로 별 찍기에 도전했으나 실패의 연속이었다. 무엇이 문제였을까. M모드와 벌브를 제대로 작동시키지 않은 것일까. 적정 ISO를 찾지 못한 탓일까. 총체적으로 미숙한 카메라 조작과 경험 부족이었으리라. 똑딱이 카메라를 들고 온 딸은 여러 컷을 찍은 끝에 은하수가 흐르는 밤하늘을 겨우 한 장 건졌다. 그나마 다행이었다.

퍼스로 돌아오는 길이 꽤 힘들었다. 3시간 30분이 소요되는 먼 거리에다 가로등이 없는 왕복 2차선의 외길이다. 밤에는 불빛을 보고 달려드는 캥거루 때문에 로드 킬이 종종 일어난다는 말을 들은 터라 운전하는 남편은 바짝 긴장하였다. 차 보닛 앞에 돌출형 가드 라인을 두 겹으로 댄 이유를 알 것 같았다.

종류에 따라 다르지만 가장 큰 붉은 캥거루는 150kg이 넘고, 보통 다 자란 캥거루 무게가 40kg 이상이다. 게다가 달려오는 속도까지 더해져서 부딪히면 캥거루가 다치기도 하고 차량 파손도 크다. 피곤이 몰려왔는지 남편의 운전이 느려졌다. 바로 그때 "아빠, 조심해!" 50cm쯤의 차이로 캥거루가 지나갔다. 딸의 큰 소리가 없었다면 대형 사고로 이어질 뻔했다. 휴우~~ 가족 모두 안도감을 내쉬었다. 남편은 더욱 속도를 낮추어 차를 몰았다. 로드 킬의 고비를 두 번 더 넘기고 집에 도착하니 12시가 지난 한밤중이었다. 무사히 돌아올 수 있어서 조상님과 모든 신에게 감사 기도를 드렸다. 호주에서 야간 운전은 절대로 하지 않기!

내일부터는 서호주의 남부지방으로 여행을 떠난다. 여행 경로 중 올버니, 번버리 등에 있는 서바스 호스트에게 민박 요청 메일을 보내고 2시쯤 잠 속으로 빠졌다.

란셀린 사막(Lancelin Sand Dune)

https://www.westernaustralia.com/en/Attraction/Lancelin_Sand_Dunes/56b267d5d5f1565045dab107

서호주에서 가장 큰 45도 각도의 거대한 모래언덕이다. 사구의 길이는 약 2km이다. 사륜구동 차량이나 샌드보드로 사막을 즐길 수 있다. 또한 새벽과 해 질 녘에 가장 좋은 경치를 볼 수 있다.

· 주소: Beacon Rd, Lancelin

피나클스 사막(The Pinnacles Desert)

https://exploreparks.dbca.wa.gov.au

피나클스는 남붕 국립공원에 있는 석회암층이다. 가장 높은 것은 최대 3.5m까지 도달한다. *피나클스 사막을 방문하기에 가장 좋은 계절은 낮 기온이 온화한 8월에서 10월 사이인데, 야생화와 함께 봄에 꽃이 피기 시작한다.

· 주소: Pinnacles Dr. Cervantes WA

START

퍼스 ➡ 웨이브 록 ➡ 에스퍼런스
➡ 덴마크 ➡ 버셀턴 ➡ 퍼스

III
서호주 남부
Southern part of Western Australia

자연이 만든 물결 바위

여름 동네 에스퍼런스

피츠제럴드 리버 국립공원 & 덴마크

동물 농장을 지나 하늘을 걷다

센과 치히로의 탄생지 버셀턴

다시 평화로운 퍼스로

자연이 만든 물결 바위

8월 10일

    가족과 함께하는 여행을 그다지 좋아하지 않는다. 첫째 이유는 여행 패턴이 다르기 때문이다. 새벽같이 일어나 여기저기를 다니기를 좋아하는 나와 달리 딸과 남편은 늦게 일어나 한두 곳만 헐렁헐렁 다니려고 해서 서로 맞추기가 힘들다. 두 번째는 끼니를 해결하는 것이다. 숙소에서 음식을 만드는 데 시간을 투자하는 것이 솔직히 싫다. 외식하면 편리하지만 한 달의 여정에서 식사비의 비중도 꽤 크다. 하루 한 끼는 외식을 하지만 계획한 돈에 맞춰서 쓰려면 할 수 없이 내가 요리를 할 수밖에 없다. 따라서 혼자 하는 여행이나 친구와 다니는 여행을 선호한다. 혼자 다닐 때는 음식을 간단하게 먹고, 친구와의 여행에서는 윤번제로 만들어 먹기 때문에 요리에 대한 부담이 적다.

    가족과 하는 여행은 서바스 호스트 집에서 종종 머문다. 누군가와 빨리 친해지는 방법으로 같이 밥을 먹거나 술을 마시는 것이 세계 공통적이다. 서바스 가족과도 친밀도를 높이려면 집에서 음식을 같이 만들어 먹는 게 가장 쉬운 방법이었다. 내가 주방장이 될 때도 있고, 호스트를 도와 주방보조가 될 때도 있다. 호화로운 여행도 편리한 패키지여행도 아닌 호스트의 집에 머물기 때문에 부엌 시설과 침실은 복불복이다. 우리 집보다 시설이 더 좋은 집에 머물 수도 있고, 우리 집보다 불편하고 허름한 집에 잘 수도 있다. 운에 맡길 수밖에 없으나 숙소와 식비에서 절약이 가능한 것은 확실하다.

오늘도 가장 먼저 일어나서 밥을 하고, 점심때 먹을 볶음밥을 준비하였다. 남편과 딸은 늦게 잤다고 8시가 넘어서 일어났다. 간단하게 아침을 먹고, 짐을 정리해서 출발 준비를 마치고 나니 10시 30분. 다른 도시로 이동할 때는 빨리 출발해야 하는데 너무 늦었다. 호스트 올리버와 사진으로 추억을 남기고 자동차에 시동을 걸었다.

오전 시간을 그냥 흘려보낸 것 같아 속상했다. 기름을 주유하고, 슈퍼마켓 콜스(Coles)에 들러 여행에 필요한 먹거리를 사는 데도 시간이 한참 걸렸다. 목적지 웨이브 록을 향해 11시 30분에 출발했다. 웨이브 록까지 4시간, 그곳에서 최종목적지 에스페란스까지 또 4시간, 빨라도 밤 8시나 되어야 할 것 같다. 늦어도 너무 늦었다.

광활하다는 말이 실감이 난다. 시내를 벗어나니 목장이 시원하게 펼쳐졌다. 계절은 분명 겨울이건만 한 곳은 누런색, 다른 쪽은 초록 잔디가 시들지 않고 여전히 초식동물들의 먹이가 되는 것이 신기할 따름이다. 2시간쯤 지나 차도 쉬고, 남편도 커피 한 잔을 마시며 운전대에서 잠시 손을 떼었다. 주유소에서 커피를 마실 수 있고, 과자나 음료수, 도넛 정도 살 수 있다. 한국의 고속도로 휴게소는 이곳에 비하면 백화점 수준이다.

웨이브 록을 60km 남겨두고 작은 주유소에서 다시 쉬었다. 황톳빛으로 물든 다른 차를 보면서 쉼 없이 달려온 나의 삶을 반추하였다. 차 안에서 준비해온 도시락을 먹었다. 사발면에 뜨거운 물을 부어, 밥과 먹으니 꿀맛이었다. 입 안이 따뜻해지면서 온몸이 후끈거렸다. 후식으로 과일까지 먹고 나니 든든한 한 끼의 점심이 되었다. 식당이 흔치 않은 시골일수록 도시락을 필수로 챙겨야 한다. 기름도 빵빵하게 채우고 다시 길을 떠났다.

　드디어 인터넷으로 보았던 웨이브 록에 도착했다. '돌덩어리 파도 언덕'이라는 표현이 딱 어울렸다. 비바람으로 생긴 검은 현무암 틈으로 모래가 들어가 노란 무늬를 만들었다. 풍화작용과 퇴적작용의 결과로 만들어진 자연물이다. 바위는 검은색, 노란색이 반복되는 파도가 물결치는 모습을 하고 있었다. 비와 바람이 애걸하니 자신의 몸을 쪼개어 모래가 머물도록 허락한 것일까. 묵묵한 바위도 자연의 흐름을 거스를 수 없이 협조한 듯했다.

　얼마나 많은 사람이 바위 위로 올라가려고 했을까. 닳고 닳은 바위는 미끄러워 오르기가 힘들었다. 한 무리의 중국 여행객들이 왁자지껄 한바탕 소음을 뿌리고 간다. 멜버른에서 온 가족 중 꼬마 남자 둘이 신나게 미끄럼을 타고 논다. 둘레길처럼 이어진 길을 따라 오르니 바위의 상반부가 나왔다. 상상도 하지 못한 어마어마하게 넓은 바위 언덕이었다. 웨이브 록 위에 또 다른 모습을 한 바위들이 많았다. 바위에 새겨진 다양한 그림을 통해 오래전에 이곳에서 생활한 원주민들의 삶을 상상할 수 있었다. 언덕 바로 옆에 만든 댐은 여전히 부근 마을의 식수로 쓰이는 듯했다. 척박한 환경에서 살아남기 위한 지혜를 곳곳에서 느낄 수 있었다.

4시 50분, 다음 목적지를 향해서 출발하였다. 사막과 다름없는 이곳에 통신기지국이 있을 리가 있나. 내비게이션이 먹통이었다. 안내센터에 가서 도움을 받고 목적지를 찍었다. 출발한 지 얼마 지나지 않아 어둑어둑한 대지가 태양을 끌어당기는 시간이 되었다. 샛길도 없이 하나로 쭉 뻗은 길에는 카멜라유를 생산

하기 위한 유채가 온 천지를 노랗게 물들이며 춤을 추었다. '사진으로 남겨야 하는데…' 하는 마음뿐이고 갈 길이 멀어 눈에다 저장하였다. 아무리 시간이 없어도 석양을 놓치기는 싫었다. 차에서 내려 황홀한 색으로 사멸하는 노을을 바라보았다. 이유 없이 눈물이 흘렀다.

가도 가도 칠흑같이 어두운 도로에는 자동차 불빛만이 반딧불처럼 가끔 나타났다 사라질 뿐 민가가 보이지 않았다. 7시경 발견한 마을에서 저녁을 먹고 가면 되겠다고 생각했건만 입구가 어디인지 찾을 수가 없었다. 요즘처럼 교통이 발달하고 통신이 발달하여 최신 장비를 가졌음에도 이렇게 길 찾기가 힘든데 200년 전 금을 캔다는 목적으로 이런 곳에다 마을을 만들고, 도로를 만든 사람들은 어떻게 그 어려운 일들을 해결했을까.

Ⅲ ········ 서호주 남부
Southern part of Western Australia

광산마을이라는 표지판은 보았는데 입구를 찾지 못해 지나쳤다. 자동차 기름까지 딸랑딸랑, 운전대를 잡은 남편의 불안감 수치는 점점 올라갔다. 다행히 먼지멉(Munji mup)에서 발견한 주유소에서 휘발유를 가득 넣고, 에너지 바와 비스킷으로 꼬르륵거리는 배를 진정시킨 남편에게서 여유의 눈빛이 보였다.

먼지멉에서 100km 남짓 달려서 에스퍼런스(Esperance) 숙소에 도착하니 벽시계가 9시 30분으로 우리를 맞이하였다. 땅은 워낙 넓고, 통신 기지는 넉넉하지 않은 탓에 와이파이가 잘 연결되지 않았다. 리셉션에 가서 다시 비밀번호를 받았다. 여러 번 시도 끝에 저녁 먹을 식당을 찾은 곳이 맥도날드였다. 기뻐할 겨를도 없이 10시에 문을 닫기 때문에 얼른 가서 저녁을 해결하였다.

숙소로 돌아와 뜨끈한 물로 샤워를 하고 나니 긴장된 하루의 피로가 다소 풀리는 듯했다. 히터까지 잘 나와서 이불 속으로 들어가면서 기분이 좋았다. 따뜻해서 기분 좋게 잤는데 새벽에 갑자기 한기가 느껴졌다. 더위를 잘 타는 남편이 히터를 끄는 바람에 나는 추워서 잠이 깼으나 히터를 켜고 다시 잠을 잤다.

웨이브 록(Wave Rock)

https://waverock.com.au

퍼스에서 남동쪽으로 340km 떨어진 하이든(Hyden) 마을에 위치하며 자동차로 약 4시간이 소요된다. 27억 년 전부터 풍화작용으로 만들어진 바위는 높은 파도 모습을 닮은 것에서 이름 붙여졌다. 높이 14m, 폭은 110m이다.
· **주소:** 1 Wave Rock Rd, Hyden

여름 동네 에스퍼런스

8월 11일

여행 중에는 많이 걷기 때문에 에너지 비축을 위해 먹기 싫어도 억지로 먹어야 한다. 입맛이 없었으나 라면과 과일 등으로 아침을 해결하였다. 물빛이 아름답기로 소문난 럭키 베이로 gogo! 눈으로 본 것을 그대로 가져갈 수 있다면…. 거대한 자연을 담기에는 카메라가 너무 작았다.

음양의 대비가 확연히 드러났다. 파스텔 톤으로 펼쳐진 에메랄드색 물빛이 살결 고운 왕후라면 바위 때문에 짙은 군청색을 보이는 물결은 도포 자락을 휘날리는 장군처럼 무척 달랐다. 바다가 주는 감동은 장소에 따라 다르다.

이곳의 바다는 평화로움이다. 쿼카가 사는 로트네스트의 바다 못지않게 잔잔하였다. 서러울 만큼 시린 옅고 짙은 푸른색이 어울린 바다를 보면서 저절로 탄성이 흘러나왔다. 딸은 좋아서 펄쩍거리며 '우~와~ 색깔 미쳤다'를 연신 남발하였다.

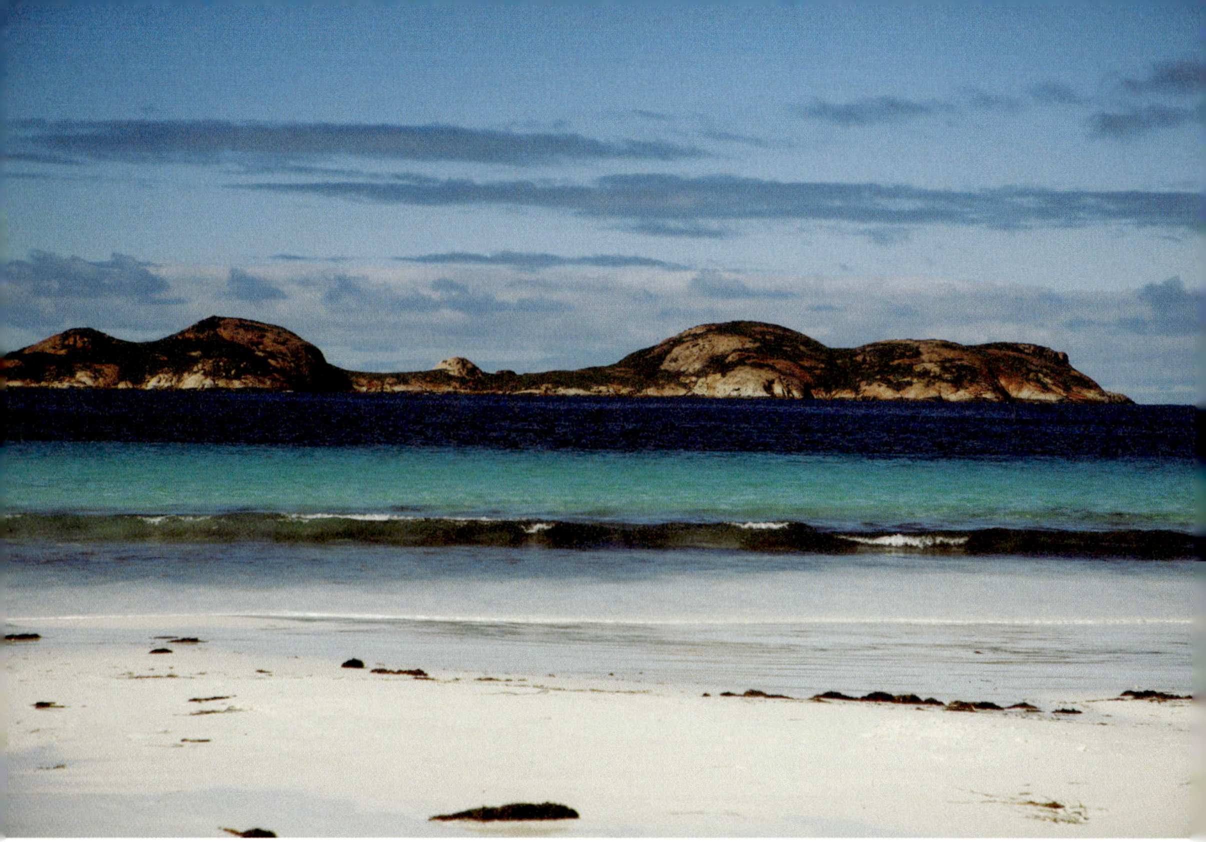

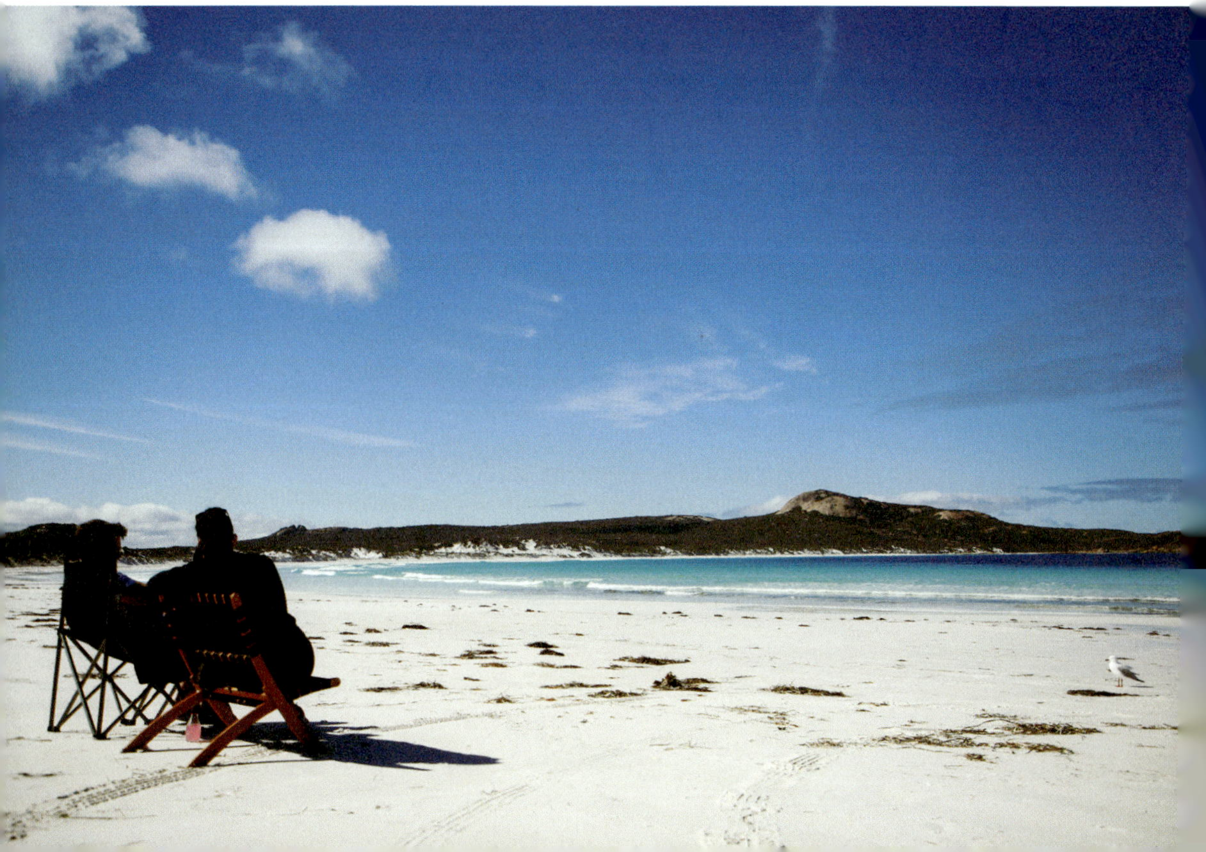

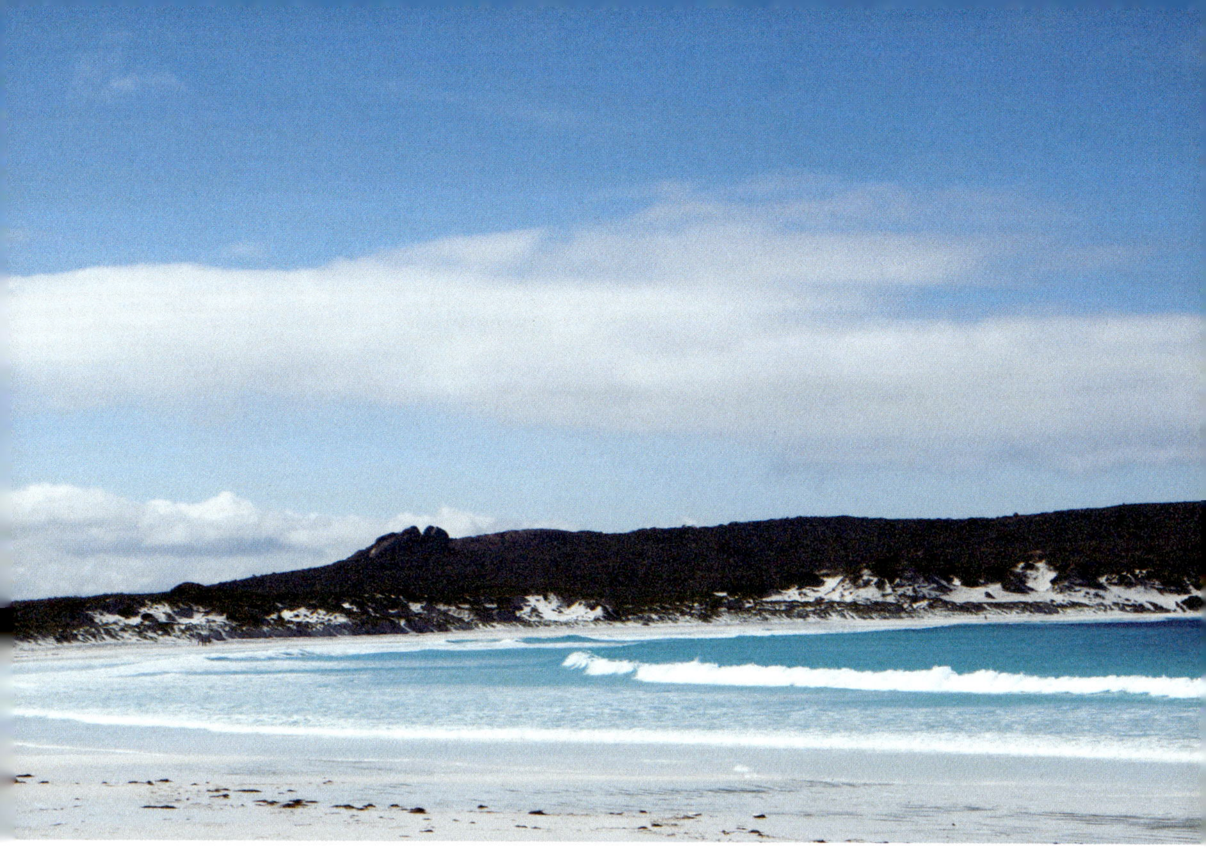

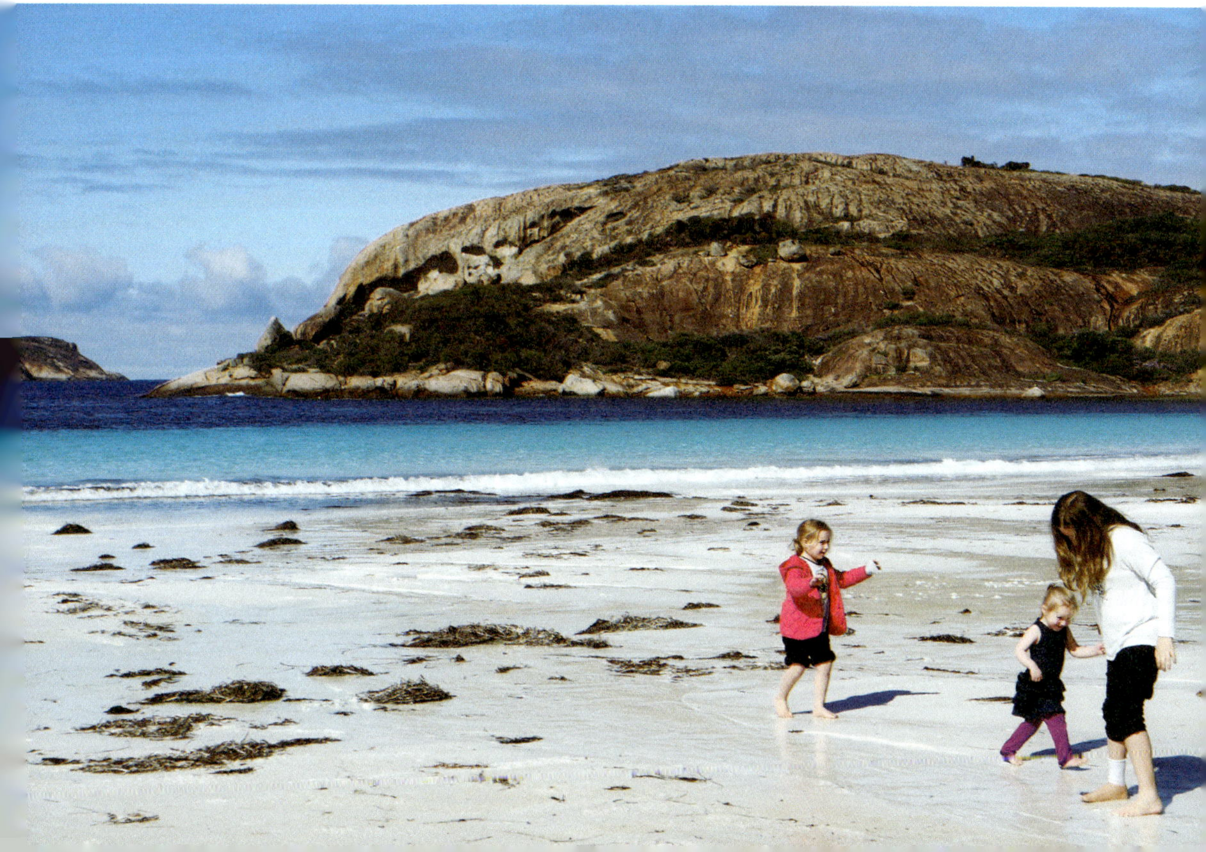

해안가를 따라 걸었다. 파도가 잔잔한 포말을 만들며 하얀 모래를 쓰다듬어 주는 일을 반복하였다. 물이 얼마나 맑은지, 모래 알갱이들이 물고기처럼 움직이며 시선을 끌었다. 잘게 부서진 나뭇가지들이 덩달아 출렁였다. 누가 와서 보아도 이곳에서는 '고요와 평화' 외에는 달리 표현할 말이 없을 듯했다. 온종일 이곳에서 보낼 요량으로 비치 의자에 앉은 젊은 커플이 무척 행복해 보였다. 선글라스 속 내 시선은 물가에 내놓은 아이를 바라보듯이 물새의 발자국을 따라 옮겨 갔다. 딸은 아름다운 해변을 영원히 기억하고 싶은지 드론 촬영을 멈추지 않았다.

바다에서의 시간은 어쩜 그리도 빠른지. 한 바퀴 돌고 숙소로 오니 벌써 점심시간이다. 오늘이 말복! 삼계탕을 먹을 수 없으니 숙소에서 가까운 식당에서 로스트치킨

한 마리를 골랐다. 갖은 채소가 든 큰 통닭과 샐러드, 감자 스튜, 작은 치킨 한 마리, 옥수수, 콜라까지 가격 대비 양도 많고 맛도 그런대로 괜찮았다. 인구도 몇 안 되는 이곳에서 영업이 되나 싶었는데 배달하느라 무척 바쁜 식당이었다.

  점심을 먹고 핑크 호수를 보러 나섰다. 핑크 호수는 호주에서 몇 안 되는 곳에만 있다. 해안가를 따라 달리면 연이어 나타나는 작은 해변들로 인해 눈과 귀가 즐거워졌다. 웅장한 파도 소리는 인적 드문 바다를 생동감 있게 만들어 주었다. 핑크 호수를 만날 수 있다는 희망으로 먼 곳까지 왔는데 어디에도 볼 수 없었다. 플랑크톤과 바닷말들이 만드는 핑크 바다는 기온이 높은 여름에 생긴다는 사실도 뒤늦게 알았다. 바다를 메꾸고 다리를 만드는 공사로 인해 환경은 갈수록 파괴되고 자연스럽게 형성되던 핑크 호수도 점점 사라져 버릴 것이다.

  인간이 파괴한 자연은 지구촌 곳곳에다 용트림으로 분노를 꺽꺽 쏟아 낸다. 어떨 때는 사람들이 가진 모든 것들을 꿀꺽 삼키기도 한다. 사람이 만들어 놓은 구덩이에 우리 스스로 빠진 꼴이다. 자연 원래 모습을 간직하지 못하고 억지로 인공화한 결과이다. 자생력과 회복력을 가진 자연이 제자리를 찾기까지 한참 걸릴 텐데…. 그마저도 우리가 기다려 주지 않으면 미래의 환경은 예측할 수 없는 곤경에 빠질 것이다.

에스퍼런스(Esperance)
https://www.australia.com

서호주 남부에 위치한 도시 에스퍼런스는 인구 약 9,500명으로 호주에서 가장 모래가 하얗고 물이 맑은 곳으로 알려져 있다. 러쉐어쉐이 군도와 마주하고 있어서 수많은 섬을 방문할 수 있으며 서호주에서 가장 아름다운 경치를 지닌 곳으로 손꼽힌다.

Red Rooster

로스트치킨, 버거, 칩스, 샐러드를 전문으로 하는 카운터 주문형 체인점으로 인근 지역에는 배달이 가능하다. 호주 통닭은 배 속에 감자와 몇 가지 채소를 넣어서 요리한다. 세트를 시키면 칩스, 샐러드, 콜라 등이 포함되어 푸짐하고 가성비가 좋은 음식이다.
· 주소: Forrest St, Esperance WA

피츠제럴드 리버 국립공원 & 덴마크

8월 12일

에스퍼런스는 여름 동네다. 바닷가와 아주 가까우면서도 조용한 곳에 머문 호텔은 깨끗하고 히터까지 잘 나와서 지내기 편했다. 하지만 조식이 포함되지 않아서 어떤 방법으로라도 먹거리를 해결해야만 했다.

어제저녁 일요일, 먹거리를 사려고 했으나 마트 문은 꽁꽁 닫혀 있었다. 아침 8시 울워스(Woolworth) 오픈 시간에 맞춰 가니 손님이 많았다. 우리처럼 먹거리가 필요한 사람들이 일찍부터 장을 보러 나온 모양이었다. 미트파이와 삶아 먹을 요량으로 달걀도 담고, 우유와 식사 대용으로 먹기 편한 바나나도 샀다. 사 온 음식으로 아침 식사를 하고 9시 30분에 출발하였다.

첫 목적지는 2시간 걸리는 해안가를 끼고 있는 거대한 피츠제럴드 국립공원이다. 강을 낀 국립공원 한 바퀴를 다 돌아보려면 하루로 부족해서 Point Ann, East

Mount Barren 등 몇 군데만 갔다. 온통 하얀 모래와 푸른 바다, 하늘, 바위와 나무뿐이다. 아기자기하게 특별히 인공미가 가미된 한국과 달랐다. 자연 그대로의 원시림과 파도가 만든 해안 절벽, 모래가 조금씩 쌓인 바닷가가 전부다. 여름철에는 타월 한 장을 깔고 종일 평화롭게 수영을 하다가 그늘에서 쉴 수 있는 해변이었다.

시간을 죽이기 좋은 장소였다. 주인 없는 바닷가를 마치 자기 집 마당처럼 총총걸음으로 발자국을 남기며 걸어가는 물새를 따라다녀도 지겹지 않을 것 같았다. 침식작용으로 아무렇게나 몸매가 드러난 언덕배기에 자라는 식물을 관찰하면서 시간을 보내도 심심하지 않겠다. 딸처럼 드론을 띄어 파도치는 바닷속을 구경하거나 눈으로 보이지 않는 다른 쪽의 바다를 구경하면서 해풍을 맞는 것도 억울하지는 않겠다.

4,000만 년 전부터 형성된 강줄기를 따라 협곡과 산들이 심심치 않게 나타난다. 산을 이루는 원시림 속에는 희귀종 식물들이 자란다. 품종이 워낙 다양하고 우리나라와 확연히 다른 식물이 많아서 이름을 알 수 없었다.

골프공을 닮은 나무, 주목처럼 보이지만 낮달맞이꽃처럼 노랗게 핀 꽃이 어울리는 나무, 잎은 호랑가시를 닮았는데 꽃은 소철의 뿌리 부분을 연상시키는 나무 등 처음 보는 식물에 매료되었다.

지도상에는 길이 계속 연결되어 있었으나 자동차 길이 아닌 듯해서 왔던 길을 되돌아 나오는데 거의 40분이 걸렸다. 역시 거대한 땅을 가진 호주다. 아스팔트로 길과 마주치는 곳에 작은 주유소가 있었다. 기름도 넣고, 핫도그와 샌드위치로 점심을 먹었다.

공원을 완전히 벗어난 후 목적지 덴마크까지 부지런히 달려야만 했다. 중간에 얼바니(Albany) 어딘가에서 자동차 열도 식히고 양 떼도 볼 겸 쉬었다. 끝없이 펼쳐진 노란 유채를 보니 사진 찍으러 다녔던 대저생태공원도 떠오르고 화명 생태공원도 회상해 보지만 이곳에 비하니 작은 텃밭에 불과하다. 겨울인데도 파릇파릇한 풀들이 펼쳐진 초원을 보니 피로가 가시었다. 좁은 우리 속에 갇힌 한국의 가축과 비교하니 어마어마한 규모의 들판에서

마음껏 돌아다니며 풀을 뜯는 양들이 몹시 행복해 보였다. 어미를 졸졸 따라다니는 태어난 지 얼마 안 되어 보이는 새끼 양이 나를 쳐다보았다. "넌 어디서 왔니?"라고 묻는 듯한 맑은 눈이 귀여웠다. 옆에서 낯선 이방인을 경계하듯 빤히 쳐다보는 어미의 눈빛이 예사롭지 않았다.

다시 출발, 공원에서 약 3시간 만에 목적지 덴마크에 도착하였다. 호스트네는 중심가에서 얼마 떨어지지 않은 숲과 연결된 곳에 있었다.

오늘 호스트는 유대인계 호주인 바실(Basil)이다. 우크라이나에서 터전을 잡은 부모님에 의해 누나와 자신이 태어났고 남동생까지 태어났다. 2차 대전이 끝나고 소련이 공산주의로 변하던 어수선한 시절, 재산을 챙겨서 이주한 곳이 아프리카 짐바브웨였다. 그곳에서 부모님은 농장을 크게 일구어서 돈을 제법 벌었다. 덕분에 자신과 형제들은 경제적 걱정 없이 공부에 몰두할 수 있었다고 한다.

25년 전 어머니가 그곳에서 돌아가시고, 아프리카 여러 국가에서도 내분이 생기면서 혼란스러워지자 그의 부친은 재산을 챙겨 호주로 이주하였다. 두 번씩이나 국적을 바꾸다니! 자식과 자신을 위한 결단력이 대단하신 분이다.

현재 그의 부친은 새어머니와 퍼스에, 누나는 유대인과 결혼하여 이스라엘에, 자신은 덴마크에, 남동생은 짐바브웨에, 여동생은 퍼스에 거주한다. 호주에 사는 자신과 여동생이 가끔 아버지를 만난다. 다민족 다인종으로 이루어진 호주처럼 그의 집안은 진짜 다문화 가족이다. 한 사람을 알게 되면 그 집안의 가족사를 알게 되어 흥미롭다. 조상을 추측해 보는 것이 퍼즐을 맞추는 것처럼 신나고, 집안 이야기도 재미있다.

이혼 경력을 가진 바실은 덴마크 환경단체에서 일하며 혼자 산다. 환경운동가답게 그의 집은 단순한 구조에 친환경적인 재료로 지어졌다. 소파와 식탁, 침대를 제외하고 가구가 거의 없다. 건축가인 친구의 설계로 지어진 집은 지붕이나 벽에 마감되지 않은 듯한 목재가 그대로 드러나 있다. 벽지 역시 사용하지 않고 벽돌이 방이나 거실의 벽이 되었다.

2층 건물이지만 2층은 높지 않고 아주 작은 방이 전부다. 대신 1층에는 방 3개가 있다. 주 출입문에서 들어오면 오른쪽이 부엌이고 왼쪽 벽에다 선반형 책장을 만들어 넣었다. 부엌에서 출입문 쪽으로 차지한 벽은 식료품을 넣어두는 창고다. 부엌 오른쪽에는 작은 화장실이 딸린 방이 있다. 부엌과 연결된 거실은 주 출입문과 마주 본다. 거실의 오른쪽에는 벽돌로 지어진 벽이 정원으로 나가는 창까지 연결되어 있다. 조금 튀어나온 턱 선반에는 여러 가지 물건이 올려져 있고, 위쪽에는 원주민 그림 몇 점이 걸려 있다. 부엌이 가까운 거실 가운데 둥근 식탁이 있고, 왼쪽 벽에는 벽난로가 차지한다. 뒷 뜰에는 쪼개진 장작이 널브러져 있었다.

  벽난로를 지나면 2층 계단이 있고, 2층 방은 주인 바실의 침실이다. 계단 옆에는 중문이 있다. 중문을 열면 렌트도 가능하도록 만들어졌다. 가운데 큰 화장실을 두고, 오른쪽 방은 정원으로 출입이 가능한데 딸과 내가 잤다. 왼쪽 방에는 싱크대가 설치되었고 큰 도로로 드나들 수 있어서 남편이 사용하였다. 널빤지와 나무를 씨줄과 날줄처럼 쌓아 올려 자연스럽게 선반을 만들었고, 벽돌로 쌓은 벽은 요철이 그대로 드러났다. 페인트칠을 안 해도 나무와 어울려 자연스럽다. 햇살만 가릴 수 있는 민무늬의 어두운 커튼은 얇아도 문틈으로 들어오는 찬 바람을 막을 수 있어서 없는 것보다는 나았다.

  소박한 집에서 미니멀 라이프를 즐기고 사는 그가 마냥 부러웠다. 남편, 아들, 딸과 함께 사는 나는 언제쯤 미니멀 라이프를 실현할 수 있을까. 결혼 적령기가 지났건만 같이 사는 아들과 딸의 옷가지와 자잘한 짐들이 쓰는 방마다 가득하다. 나 역시 외출 때마다 바꿔 입는 옷이 여기저기 걸려 있고, 책꽂이에는 책이 넘친다. 버려야지 생각만 하고 실천에 옮기지 못하는 내가 한심스럽다.

Ⅲ ········ 서호주 남부
Southern part of Western Australia

첫날은 바쁘게 올 우리를 위해서 호스트인 그가 저녁을 마련했다. 닭고기 요리였는데 양념 소스를 샀는지 직접 만들었는지 알 수 없으나 밥을 자꾸 부를 정도로 맛이 있었다. 집에서 가꾼 채소 샐러드는 싱싱함과 상큼함이 눈, 코, 입으로 전해졌다. 종종 밥을 해 먹는지 냄비에 한 현미밥이 고소했다. 혼자 살려면 스스로 요리도 할 수 있어야 편리하겠지.

그는 만능 재주꾼이다. 가끔 자두나 복숭아를 통조림처럼 만들기도 하고 베리류의 잼도 직접 만들었다. 식사 후에는 난롯가에 앉아 말린 자두, 복숭아 통조림, 요구르트 등 후식을 먹으면서 이런저런 이야기꽃을 피웠다.

호주는 7학년, 우리나라의 중학교부터 필수과목 외 자기가 배우고 싶은 것을 선택해서 자기만의 시간표를 짠다. 남자들이 주저하지 않고 요리를 하고, 여자들이 가드닝(gardening)을 즐기며 잔디 깎기를 잘하는 이유도 여기에 기인한다. 심지어 달리던 차가 고장 났을 때 여자 운전자들이 자동차 보닛(bonnet) 뚜껑을 열고 점검을 하거나 자동차 아래로 들어가 정비를 하는 등 두려워하지 않는 이유도 생활에 필요한 공부를 학교에서 익혔기 때문이다. 우리나라도 학생들이 자신이 하고 싶은 과목을 공부하면서 즐겁게 학교생활을 할 수 있는 날이 올까. 대학 입학을 위한 공부가 아닌 실생활에 써먹을 내용을 익히고 배우면 어떨까!

온기가 없는 방안이 썰렁했다. 온돌에 길들어진 우리는 입은 옷 위에 잠옷을 덧입고 자야 했다. 오랫동안 운전하느라 수고한 남편은 양치 후 바로 잠 속으로 빠져들었다. 딸과 나는 바실(Basil)이 직접 키워서 담은 레몬즙에 꿀을 타서 마셨다. 따뜻한 전기담요와 향기로운 레몬차 덕분에 찬 기운을 잊고 잠을 잘 수 있었다.

피츠제럴드 리버 국립공원(Fitzgerald River National Park)

https://exploreparks.dbca.wa.gov.au/park/fitzgerald-river-national-park

서호주 남쪽에 위치한 3,300㎢ 면적을 가진 거대한 국립공원으로 4,000만 년 전에 생성된 강을 따라 협곡과 산맥이 연결되어 있다. 4개의 하천 주위로 해안가까지 연결된 해안 평야, 자갈 해변 등에서는 아름다운 풍광과 함께 멸종 위기에 있는 다양한 생물들을 만날 수 있다.

부시워킹, 캠핑, 카누나 카약, 낚시, 야간 등반, 스노클링, 서핑, 수영 등 다양한 레포츠를 즐길 수 있다. 쿼인 헤드(Quoin Head)를 비롯하여 Point Ann, Cave Point, Twertup 등 특색 있는 뷰 포인트에서 조망을 즐길 수 있다. Mylies beach, West beach, Four mile beach, Barren's beach, Hamersley beach, Whalebone beach 등 다양한 해변가를 거닐 수 있고, East Mylies, East Mount Barren, West Mount Barren, Mount Maxwell, No tree Hill 등을 낀 야간 산행이나 트레킹 코스도 참여할 수 있다.

캠핑장이나 트레킹에 참가하기 위해 주차 시 승용차 15A$, 대형 7A$, 오토바이 8A$의 입장료를 내야 한다. 대형이 소형보다 싼 게 이색적이다.

동물 농장을 지나 하늘을 걷다

8월 13일

덴마크 주변에 관광 명소가 많았다. 그중 동물농장과 팅글 트리(Tingle tree)를 보러 가기로 하였다. 동물농장은 개인 소유로 규모가 작았지만 한 번쯤은 다녀가도 좋을 듯했다. 어른 입장료는 14A$, 가족은 할인이 된다. 알파카, 캥거루, 소, 염소, 양, 돼지, 말, 당나귀, 낙타, 토끼, 닭, 칠면조, 앵무새 등 동물을 키운다.

알파카를 처음 보았는데, 얼굴에서 양과 낙타의 모습을 볼 수 있다. 커다란 눈동자와 참참이 난 눈썹, 음식을 어거적어거적 씹는 모습이 꼭 낙타를 닮았다. 털이 양보다 훨씬 길고, 만지면 푹신하고 따뜻하여 남미 고원지대의 추위에도 충분히 견뎌 낼 수 있다.

　주인집 개가 병아리를 여러 마리 데리고 있는 어미 닭을 계속 괴롭혔다. 병아리를 무는 동작을 했으나 실제로 물지는 않았다. 누런색 개가 겁을 줄 때마다 꼬꼬댁거리는 어미 닭의 소리가 서글펐다. 학교폭력의 가해자처럼 이 녀석의 행동이 얄미워서 내가 개를 쫓았으나 짓궂은 행동은 계속되었다. 이런 행동은 활발한 개에겐 하나의 놀이였다.

　동물 모이를 하나 사서 울타리 너머에 있는 동물들에게 손을 내밀었다. 냄새를 맡고 재빠르게 달려와 손에 놓인 먹이를 핥는다. 촉감이 동물마다 다르다. 당나귀보다 말의 혀가 부드러웠다. 말보다는 알파카가 더 부드러웠다. 사람처럼 동물들의 성격도 모두 다른 듯하다. 먹이를 주는데 경계를 하거나 수줍음을 타는 녀석들도 있었다. 쉽게 다가오지 못하니 먹이를 다른 녀석들에게 빼앗겼다. 사람이나 짐승이나 타고난 성격을 스스로 바꾸어야지 다른 누군가가 어찌할 수 없는 노릇이다.

빗방울이 떨어지기 시작하더니 후두둑 비가 제법 내렸다. 소가 있는 언덕에서 먹이를 쪼아 대던 닭들이 깃털이 젖을세라 재빨리 닭장으로 들어갔다. 귀소본능이 인간보다 더 나았다. 사람들이 방문하지 않는 저녁부터 새벽까지는 달걀도 부지런히 낳으니까 집안뿐만 아니라 영업장의 살림꾼으로 대접받는 모양이다. 점심으로 준비한 샌드위치를 먹고 다음 목적지로 출발하였다.

섬나라 호주는 사람이 살기 좋은 조건을 가진 해안을 따라 도시가 발달하였다. 내륙으로 갈수록 강수량이 감소해서 국토의 60% 이상이 연 강수량 50mm 이하의 사막기후지대이다. 특히 서호주와 노던 테리토리(Northern Territory)의 많은 부분이 건조한 황무지인데 이를 아웃백이라 부른다.

기후 조건도 다양하게 나타난다. 태즈메이니아 고지의 툰트라 기후부터 시드니나 멜버른 등 대도시의 온대지역, 케언즈에서는 아열대 또는 초원이 펼쳐진 사바나, 북부나 서호주의 사막기후까지 호주 남북을 여행하면 다양한 기후를 체험할 수 있다. 강수량이 많은 아열대 지역에는 정글을 이루기도 한다. 오늘 다녀온 벨리 오브 더 자이언트(Valley of the Giants)도 다양한 유칼립투스 나무로 울창한 숲을 이루고 있었다.

정오쯤 월폴(Walpole) 국립공원 내에 있는 벨리 오브 더 자이언트에 도착했다. 400년 이상 곧게 자란 유칼립투스 외 다양한 나무들이 숲을 만들었다. 트리 톱 워크(Tree top walk)는 40m의 높이에 길이 600m로 된 철 구조물로 만들어진 나무와 나무 사이를 걸을 수 있게 만들어진 길이다. 아래가 훤히 보이는 캐노피 숲을 따라 걸으면 마치 하늘을 걷는 듯하다.

입구에서부터 조금씩 경사가 높아진다. 40m면 고소공포증이 있는 사람은 올라올 수 없는 높이일 수도 있겠다. 올라갈수록 흔들림이 많아서 겁을 먹은 딸은 "엄마, 같이 가" 하며 내 옆에 붙어서 같이 걸었다. 콘크리트 다리가 아니라서 사람의 하중만큼 출렁거렸다.

곧게 뻗은 길만 걸으면 좋을 것 같은데 언제 닥칠지 모를 내리막 오르막의 혼돈 속에서 살아가는 것이 인생이다. 바로 앞이 보이는 이 짧은 길도 흔들거렸다. 흔들리지 않는 인생이 있을까. 딸은 고등학교 3학년 때 공공기관에 입사하였다. SKY 대학생도 겨우 합격한다는 남들이 부러워하는 국책은행이었다. 처음 공지와 달리 월급도 적고 드러나게 하는 일 없이 사무보조로 일하느라 존재감도 없고 자존심이 몹시 상했던 모양이다. 야간대학을 다니며 잘 견디는가 싶었는데 채 3년을 버티지 못하고 퇴사하였다. 적성에 맞지 않은 게 첫째 이유

고, 두 번째 이유는 20대를 직장에 매여서 보내기 싫었고, 대학생다운 생활을 하고 싶은 게 마지막 이유였다. 오전에 강의를 들으며 또래와 어울렸고, 다양한 동아리 활동을 하며, 자신이 정말 하고 싶은 일을 하나씩 해 나갔다.

영어과 전공에 복수전공으로 영상 콘텐츠를 공부하는 것이 재미있었다고 한다. 사진 동아리와 KT&G에서 후원하는 대학 연합 동아리 활동으로 여러 대학의 학생들을 사귀었다. 부산국제영화제를 비롯한 평창 동계올림픽 등의 국제행사에서 자원봉사도 하였다. 현재는 영어학원에서 강사로 일하며 무척 만족하고 있다. 가르치는 일이 재미있다면서 적성에 맞는 일을 찾은 듯하다.

좋은 직장을 그만두어 내심 속상하고 아깝지만 자기가 하는 일에 긍지를 가지고 행복해하는 모습을 보니 다행이다. 조금씩 조금씩 인생의 뿌리를 내리고 있어서 대견스럽다. 뿌리를 더욱 깊게 내리고, 둥치를 단단히 하여 비바람도 이겨낼 굵은 줄기를 만들어 가리라 믿는다. 오랜 세월을 견뎌온 나무들처럼.

높이 뻗은 나무 하나하나가 어우러져 커다란 숲이 되었다. 긴 세월 동안 혼자였으면 힘들었을 텐데 함께였으니 휘몰아치는 폭우도 견디지 않았을까. 바람이 불면 부는 쪽으로 몸을 맡겼으리라. 얼마나 더 자랄까. 계속해서 곧게 자라는 나무처럼 딸의 앞길도 곧고 평탄하길 기원한다.

나무 사이를 걷는 아이디어를 낸 사람은 누굴까. 평범한 숲에서 나무를 자르거나 해치지 않고 관광 수입을 창출하다니. 환경과 사람들의 일상이 동떨어진 것이 아닌 하나의 고리로 연결되어 있음을 보여 준 곳이다. 나무 사이에서 나무를 바라다보는 시선이 생뚱맞기도 했으나 나무의 뿌리를 내려다보고, 꼭대기를 쳐다보며 쓰러지지 않게 조화를 이루며 사는 것의 중요함을 느꼈다.

아무리 잘난 척, 똑똑한 척해도 부처님 손안에 든 손오공처럼 사람이 아무리 뛰어난 능력자라도 자연의 무한한 힘 앞에선 어쩔 도리가 없다. 인간이 결코 자연을 지배할 수 없고 자연과 어울려 살아가야 함을 넌지시 알려 준다. 1인당 21A$의 입장료를 낸 값어치가 충분히 있는 장소였다. 600m를 천천히 걸으면 15분 정도 걸리는데 원웨이(one way)라서 입장했던 곳과 다른 출구지만 같은 매표소로 나온다.

트리 톱 워크를 빠져나와 반대편으로 이어진 길로 걸으면 자라면서 밑동이 갈라지는 팅글 트리(Tingle tree) 숲이 나온다. 브라질의 아마존 같은 열대우림을 아직 가진 못했지만 이런 나무들을 처음 보았다. 밑동이 갈라지면 곧 죽어버리지 않을까. 염려와 달리 갈라진 채로 계속 자란다. 숲으로 계속 걸으면 팅글 트리(Tingle tree)라 불리는 못생긴 나무들을 길가에서 마주한다. 혹부리 영감에 나오는 도깨비처럼 나무 하단부가 울퉁불퉁 혹처럼 자라나서 일반 나무와 다른 모습이다. 레드(red), 옐로우(yellow), 그랜마마(grand mama) 등 나무 생김새나 색깔에 따라 이름을 붙이고 당당히 관광객을 맞이한다. 사람이었다면 학교폭력의 피해자처럼 얼마나 놀림을 받고 차별을 당했을까. 다른 나무들처럼 비바람에도 가뭄에도 견디며 굳건히 잘 자라 주어 고마웠다.

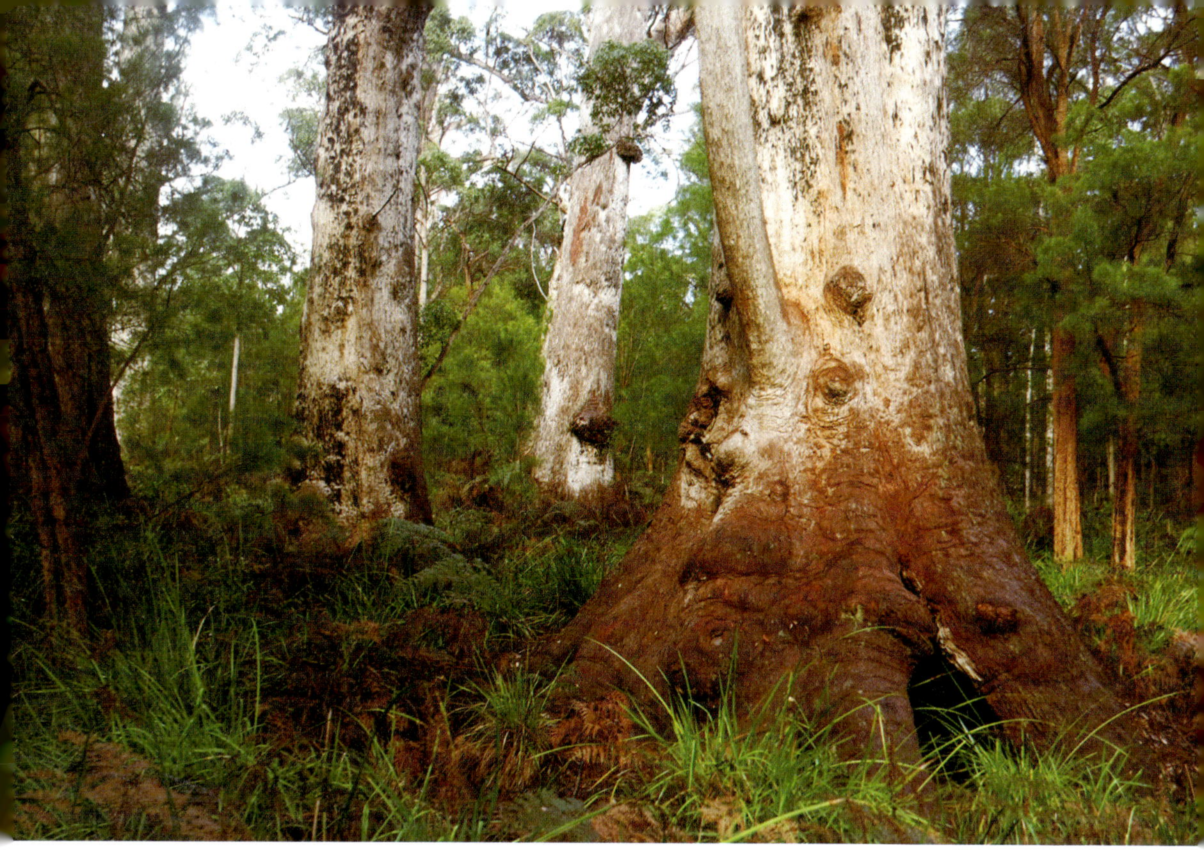
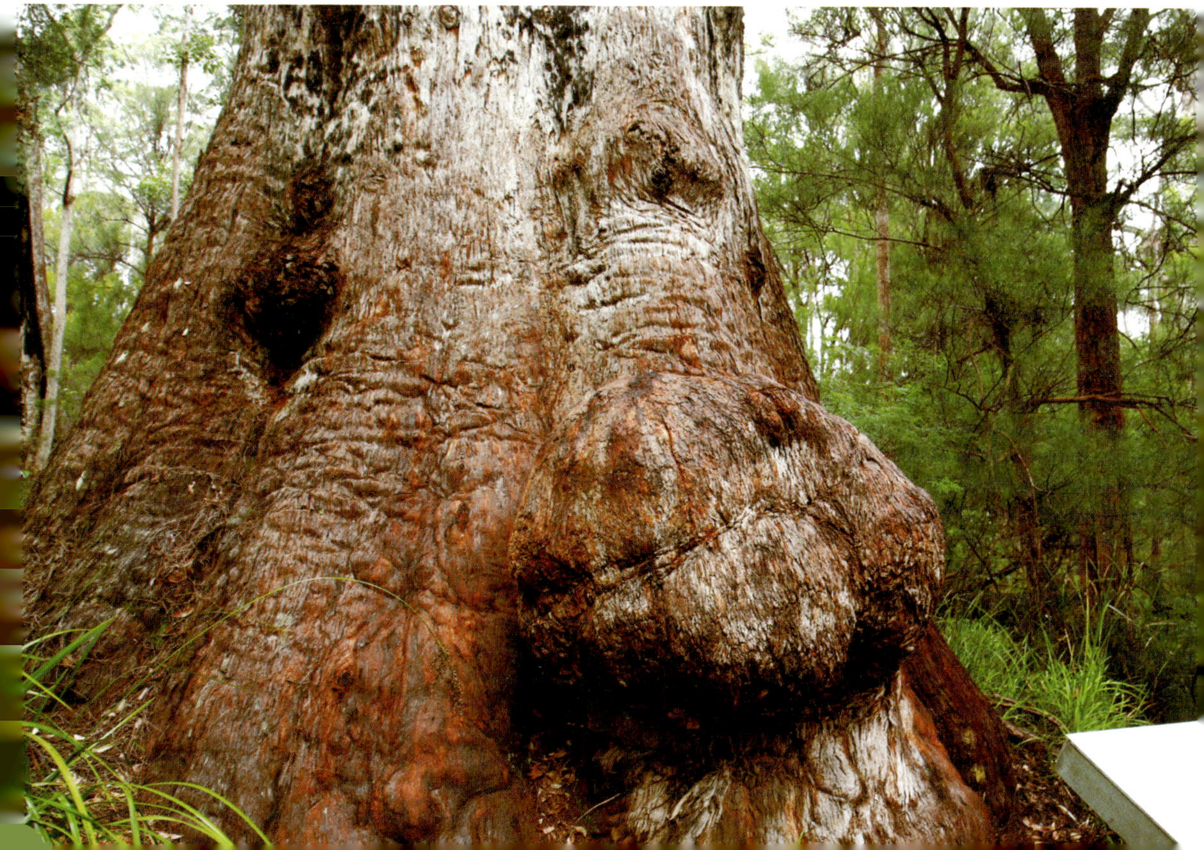

좀 더 멀리 들어가면 뿌리에서 위로 융기한 것처럼 밑동이 땅과 떨어져 자동차가 들어가도 될 만큼 공간이 아주 넓은 나무, 인디언 천막을 치고도 남을 나무도 만났다. 뿌리가 갈라졌다고 해야 할까, 줄기가 갈라졌다고 해야 정답일까. 뿌리가 땅으로 뻗어야 높이 자라는 몸을 지탱할 텐데. 저렇게라도 생명의 끈을 이어 가는 나무들이 그저 고맙고 신기할 따름이었다.

오늘 목적지 두 군데를 다녀오니 멀리서 노을이 따라왔다. 호스트네 마을 입구 마트에서 저녁거리를 샀다. 집에 오니 바실이 먼저 와 있었다. 합창 연습을 하고 집에 오면 7시가 넘을 거라고 해서 저녁은 그때 먹기로 하였다. 오히려 잘되었다. 고기 손질도 하고, 밥도 짓고, 이것저것 준비하려면 그 정도 시간이 필요하기 때문이다.

불고기용으로 산 갈비를 손질하느라 약 1시간이 걸렸다. 채

소를 씻어 샐러드를 만들고, 쌈 거리도 따로 남겼다. 퍼스에서 사 둔 된장으로 된장찌개를 만들고, 밥도 지었다. 둥그런 식탁에 한국 음식으로 가득한 만찬이었다.

한국을 여행한 적이 있는 바실은 한국 음식을 좋아했다. 한국에서 먹은 음식 중에서 불고기와 비빔밥이 가장 맛있었단다. 미리 알았으면 갖가지 채소로 비빔밥을 해 주었을 텐데. 밥도 자주 해 먹는다고 하였다. 집에서 키우거나 일터인 환경센터에서 키운 각종 무공해 채소라서 어느 것인들 맛이 없으랴.

디저트까지 먹고 벽난로 앞 소파에 모두 앉았다. 바실이 직접 만든 덴마크 홍보 영상물과 환경센터에서 하는 일 등을 소개하는 동영상을 보았다. 기자인 남편에게 자기가 만든 동영상을 복사해서 보낼 테니 한국에도 널리 알려줄 수 있냐고 물었다. 남편은 방송국 기자가 아닌 신문 기자라서 확답을 할 수가 없다고 했다.

1인 몇 역을 하는 그가 더욱 멋졌다. 그는 덴마크 지역 환경센터 책임자로서 전체를 관장한다. 환경에 관심이 많은 호주인은 물론 해외에도 소개하고 교육한다. 유기농법으로 식물을 가꾸고, 생활용품을 재활용하고 탐방 온 사람들을 교육하고, 다양한 체험 프로그램을 운영한다. 호주 환경을 위한 일이 결국은 지구를 위한 일이라는 것을 알 수 있었다.

몇 개의 앨범을 보여 주었다. 자신의 집을 방문한 다양한 게스트의 모습, 자신의 일터로 방문해서 함께 작업하는 모습들이 건강해 보였다. 민소매 차림이나 수영복 차림에도 부끄럼 없이, 어색하지 않은 서양인들의 자연스러운 모습이 가족처럼 여겨졌다. 땀 흘리며 함께하니 우정이 더 쌓였을 것이다. 다양한 국가에서 온 사람들이 그의 친구가 되었으리라.

혼자, 부부 또는 가족이 함께 온 서바스(Servas) 회원들, 호스피텔리티(Hospitality), 카우치 서핑(Coutch Surfing) 등 다른 민박 단체 사람들도 사진으로 만났다. 사진 속 많은 게스트들이 모두 행복한 웃음을 짓고 있었다.

딸의 글 덴마크 바실은 환경 단체를 운영하는 환경운동가이다. 우리 엄마도 나도 그린피스(Green Peace)를 후원하고 있어서 바실 아저씨 댁이 마음에 들었다. 직접 가꾼 채소로 음식을 만들고, 그동안 활동한 사진과 영상을 보니 힐링이 되는 듯했다. 다음에 기회가 된다면 오래 머물면서 아저씨 댁을 찾아온 사람들과 함께 환경 단체 일을 돕고 싶다.

나는 개띠라서 그런지 동물을 좋아한다. 덴마크 주변에 작은 동물원이 있다고 해서 가 보기로 했다. 부산에서 갔던 동물원과 다르게 동물을 키우는 농장 같은 느낌이 들었다. 집에서 키울 수 있는 소, 양, 닭, 말, 개, 닭, 토끼 등 가축들이 대부분이었는데 동물들이 사는 곳을 따로따로 구분해 놓았다.

알파카는 이곳에서 처음 보았다. 얼굴 모습은 양이나 염소를 닮았다. 털이 복슬복슬한 것이 귀여웠다. 만져 보았더니 양털보다 더 부드럽고 따뜻했다. 매표소에서 산 먹이를 꺼내니 냄새를 맡고 알파카가 우르르 몰려왔다. 내 손에 알파카 혀가 닿으니 깜짝 놀랄 정도로 느낌이 이상했다. 혹시나 내 손을 물지 않을까 두려웠는데 초식 동물이라서 그런지 순했다. 동물을 키우고 싶다는 생각이 자꾸 들었다.

덴마크 동물농장(Denmark Animal Farm)

www.pentlandalpacafarm.com.au

호주 덴마크 지역에 위치한 동물 농장이다. 애완용 동물을 비롯하여 집에서 기르는 짐승, 낙타, 알파카, 라마, 캥거루, 여우 등도 볼 수 있다. 동물들에게 먹이 주기나 새끼에게 젖병으로 먹이기 등 체험이 가능하다. 휴게소에서 간단한 음료나 다양한 기념품을 판매한다.
- 영업시간: 수요일~월요일, 10:00~16:00(방학 때는 다름, 크리스마스 2일간 휴업)
- 주소: Scotsdale Rd, Denmark, WA

밸리 오브 더 자이언트(The Valley of the Giants)

https://www.valleyofthegiants.com.au

호주 덴마크 지역에 있으며, 높이 40m, 길이 600m의 철제 케이블로 연결된 산책로가 유명하다.
- 영업시간: 매일 09:00~17:00(티켓 판매는 16:15까지)
- 주소: Valley of the Giants Rd, Tingledale

센과 치히로의 탄생지 버셀턴

8월 14일

　전기밥솥이 없으니 밥을 하게 되면 언제나 눌은밥이 생긴다. 우리 가족은 어제 눌었던 밥을 끓여서 아침으로 먹었다. 점심때 먹을 샌드위치를 준비하고 짐을 챙겼다. 차에 짐을 싣기 전부터 비가 내렸다. 잠깐 내리다 그칠 비가 아니었다. 바실은 우리를 배웅하기 위해 늦게 출근하였다. 숲속 작은 옹달샘에서 떠나기 싫은 산까치처럼 그의 모습이 보이지 않을 때까지 한참 뒤를 돌아다보았다. 화려하고 웅장한 저택이 아닌 자연에 파묻힌 오두막집과 자유스러운 그가 내내 그리울 것 같다.

　오늘은 버셀턴에 숙소를 정했다. 마가렛 리버까지 4시간, 버셀턴까지 다시 1시간이 소요된다. 비가 내리면 운전하기 곤란할 텐데 남편은 괜찮다며 그다지 축축함을 느끼지 않고 천천히 운전하였다. 도로는 대부분 왕복 2차선이었지만 움푹 파인 곳이나 물웅덩이가 없어 운전에도 별 지장이 없었다. 비 때문에 예상보다 조금 더 많이 걸렸다.

드디어 4시간 넘게 걸려 마가렛 리버에 도착하였다. 거대한 동굴을 관람하기 위해서였다. 동굴 3곳을 패키지로 볼 수도 있지만 1인당 22.50A$를 지불하고 가장 큰 맘모스 동굴(Mammoth Cave)만 보기로 하였다. 다행히 영어 오디오로 동굴 설명을 자세히 들으며 관람할 수 있었다. 물론 100% 이해를 한 것은 아니다. 대략의 내용만 알아도 되는 내용이었다.

불빛을 받은 뾰족한 석순들이 우리를 맞이하였다. 몇만 년에 걸쳐 천천히 떨어진 석회수가 석순으로 탄생한 것이다.

지옥으로 연결된 기둥이 있다면 이러한 모습일까? 세상 사는 일이 쉽지 않고 힘들다는 것을 말해 주듯이 아래로 자라는 뾰족한 모습이 마치 제 몸에 가시를 박고 있는 것처럼 보였다.

큰 돌덩이가 부서져 옆으로 서 있었는데 석순들도 수직으로 떨어지지 않고 바위가 위치한 모양대로 옆으로 삐딱하게 자라고 있었다. 신기하게도 수직 낙하의 원리가 이곳에서는 미치지 않는 듯하였다.

다양한 모습을 지닌 동굴을 따라 천천히 걸으면 출구로 나오게 된다. 나오자마자 석주와 종유석이 맞닿아 생긴 기둥이 마치 그리스 파르테논 신전을 떠받치고 있는 기둥처럼 보여 경이로웠다. 오랜 세월 동안 자연이 빚은 결과물이 신비롭다.

입구에서부터 내리던 비는 그치질 않았다. 출구로 나오며 비옷을 꺼내 입었다. 200m 정도 숲길을 걸어서 주차장으로 돌아왔다. 다행히 오전보다는 가늘게 비가 내려 운전에도 별 지장은 없었다.

버셀턴이 가까워지자 비는 그치고 구름도 옅어졌다. 마을이 나타났다. 수요일 스포츠데이인지 어느 학교 잔디밭에는 운동을 즐기는 아이들의 모습이 보였다. 교사의 신호에 맞추어 공을 차기도 하고, 주어진 시간에 달리는 아이들의 얼굴에는 웃음이 가득하였다.

잔디밭에서 뛰어다닐 수 있는 축복받은 환경을 아이들은 느끼고 있을까. 공부하느라 움츠려진 가슴을 활짝 펴고 매주 한 번이라도 마음껏 소리치고 놀 수 있는 시간이 우리 학생들에게도 주어졌을 텐데…. 식물도 즐거운지 싱싱한 모습으로 우리를 반겼다.

'센과 치히로의 행방불명'의 배경이 된 버셀턴 바닷가는 유명 관광지가 되었다. 바닷가 가까이 위치한 우리 숙소는 제법 비싼 만큼 마음에 들었다. 평일인데도 사람들이 많이 왔는지 2층에 방을 배정해 주었다. 주차하고, 필요한 짐을 올리느라 한참 걸렸다. 영화의 배경이 된 버셀턴 제티 바닷가까지 금방이었다.

끝까지 갈 요량으로 한참 기찻길을 따라 걷는 중에 갑자기 무지개가 떴다. 나에게 무지개는 항상 행운의 상징이었다. 오늘 어떤 행운이 오려는지…. 한국에 있는 그리운 친구에게 사진을 찍어 톡을 보냈다. 행운이 그녀에게도 일어나길 바라는 마음을 보냈다는 것을 알았는지 "너무 예쁘다. 행운이 찾아오겠네"라며 바로 답장이 왔다.

열심히 사진기의 셔터를 눌렀다. 일몰을 찍기 위해 해변으로 되돌아 나왔다. 노을이 바다로 가라앉고 있으니 마음이 바빠졌다. 아뿔싸! 야속하게도 구름이 해를 가렸다. 숨바꼭질하듯 살짝살짝 구름에서 나온 햇살이 얼마나 고마운지. 삼각대도 없이 대충 찍었는데 석양이 물든 풍광이 그런대로 잘 나왔다.

점심을 대충 먹었으니 저녁은 위장을 든든하게 해 주고 싶었다. 해변에 있는 몇 안 되는 식당 중에서 제법 근사하게 보이는 레스토랑 'equin OX'에 들어갔다. 타이 샐러드랑 피시앤칩스(Fish & Chips)를 시켰다. 맛은 좋은데 양이 적고 가격이 너무 비쌌다. 바닷가 주변은 집세가 비싸서 결국은 손님들이 손해를 봐야 한다. 한마디로 가성비가 너무 낮다.

좋은 분위기에 한참을 앉아 있고 싶었으나 피곤이 몰려와 식사가 끝나자마자 숙소

로 돌아왔다. 저녁이 부실했는지 딸과 남편이 봉지 라면을 만들어 먹는 동안 나는 샤워하였다. 비가 내려서 몸도 마음도 찌뿌둥했는데 따뜻한 물로 씻으니 기분이 한결 나아졌다. 잘 견뎌 온 딸은 몸살이 오려는지 온몸이 아프다고 라면을 먹은 뒤에 감기약을 먹고 침대에 쓰러져 잠을 잤다. 아무리 좋은 구경거리가 있다 해도 아프면 허사다. 건강이 최우선이다.

맘모스 동굴(Mammoth Cave)

https://au.trip.com

맘모스 동굴 국립공원은 수천 년의 인류 역사와 다양한 동식물의 서식지로 유네스코 세계문화유산과 국제 생물권보전지역으로 선정되었다. 영어, 프랑스어, 말레이시아와 중국어로 된 오디오 서비스를 무료로 들을 수 있다.
- **영업시간:** 매일 09:00~17:00
- **주소:** Caves Rd, Forest Grove WA

버셀턴(Busselton)

버셀톤은 마가렛 리버 지역에 있는 해안 도시로, 바다를 향해 1.8km 정도 뻗은 옛날식 나무 부두로 유명하다.
- **주소:** 15 Foreshore Parade, Busselton

다시 평화로운 퍼스로

8월 15일

　애들레이드로 가기 위해서 퍼스로 돌아왔다. 버셀턴에서 퍼스까지는 약 220km, 자동차로 2~3시간이면 가능하다. 곧바로 퍼스로 가려니 아쉬워 몇 군데를 들렀다. 날마다 400km 이상의 거리를 운전하는 남편에게 오늘은 가까운 거리다. 10시 넘어 느지막하게 일어나서 아침을 먹고 떠날 채비를 하였다.
　첫 번째로 들른 곳은 번버리다. 번버리는 돌고래 관광으로 유명하지만 돌고래 투어는 시간이 맞지 않아서 할 수 없었다. 바닷가를 거닐다가 번버리 타워(Marlston Hill lookout Tower)에 올라갔다. 타워는 커다란 고동처럼 원뿔 모양에 나선형 계단으로 두른 듯 외관이 독특했다. 언덕에 위치하여 바닷가와 주택가, 시가지 등 번버리 지역을 거의 다 볼 수 있었다. 숲과 나무가 많은 호주는 집의 지붕들이 붉은색이나 흰색이다. 초록과 보색인 빨강이 서로 어울리지 않은 듯하면서 잘 어울렸다. 그림을 그려 놓은 듯 평화롭게 느껴졌다. 지붕을 그렇게 바꾼 일화가 있다.

70년대 호주 수상이 해외에 다녀오면서 비행기에서 밖을 내려다보게 되었다. 울창한 숲에서 어느 것이 나무고 어떤 것이 집인지 구분이 잘되지 않았나 보다. 그 후부터 집을 지을 때 지붕은 가능한 붉은색이나 흰색으로 하라고 권장했다고 한다. 초록과 조화를 이룬 빨간 지붕이 사진으로도 예쁘게 드러난다. 일화가 사실인지 아닌지 알 수가 없으나 미적 감각이 있는 지도자 같다.

　탑에서 내려와 시내로 가니 분홍색의 예쁜 건물이 보였다. 무엇을 하는 곳일까 궁금하였다. 지역 아트 갤러리인데 아치형으로 만들어진 출입구에 알록달록 우산을 걸어 놓아 저절로 기분이 업(up)되었다. 현지 예술가들의 그림, 의상, 도자기류, 가방, 장식품 등을 전시하고 있었다. 원주민의 기법에 자신의 방식을 혼합하여 그린 그림들이 독창적이었다. 특히 멀리서도 눈에 띄는 한 작품에 꽂혔다. 헝겊인 줄 알았는데 얇은 종이를 염색하여 조각조각 바늘로 꿰매어 만든 드레스였다. 원주민의 특색은 장식품으로 나타내었고, 한지에다 염색을 하여 동양적 느낌이 물씬 났다. 디자이너는 일본인이거나 우리나라 사람일 것 같았다. 파티나 아주 특별한 날 입으면 단연 주인공으로 돋보일 디자인이지만 종이로 만든 작품이라 착용은 불가능해 보였다.

점심을 먹고 다시 퍼스로 향하는 도중에 프리맨틀에 들렀다. 올리버랑 왔을 때 가지 못한 바닷가를 갔다. 모래 해변이 아닌 항구라서 정박한 배와 건물만 있고 볼 것이 없어서 되돌아 나왔다. 딸이 사진 찍기를 원하는 장소로 이동하였다. 주차장에서 조금 걸어 언덕에 오르니 아치형의 무지개 컨테이너가 우리를 맞아 주었다. 빈 컨테이너이겠지만 받치는 철 구조물도 없이 9개의 컨테이너를 연결하여 공중에 지탱할 수 있는 발상이 멋졌다. 물론 용접으로 견고히 해 두었겠으나 지지대가 없어서 무너지면 어쩌나 싶었다. 불안한 마음으로 우리가 사진을 다 찍고 나와도 아무 일이 일어나지 않았다.

'기우杞憂'. 사람들은 너무 많은 걱정 속에서 산다. 일어나지도 않을 일에 80% 이상, 과거에 있었던 일에 20% 가까이 고민하고 걱정하며, 현재 일어난 일은 겨우 1% 정도라고 한다. 그렇지만 요즘은 옛날 기나라 사람들이 걱정했던 일이 실제로 일어나고 있으니 문제가 된다. 기후변화가 심각하여 발생하는 지진과 쓰나미, 폭우와 눈사태, 가뭄 등의 자연재해가 인류를 위협한다.

국제 여론조사업체가 매월 실시하는 20201년 10월, 28개국을 대상으로 한 '세계의 걱정거리(What Worries World)' 보고서에서 1위는 코로나가 아닌 빈곤과 불평등 문제로 나타났다. 기후변화도 10위를 차지하였다. 기후변화에 대한 우려는 2021년, 유네스코가 전 세계인을 대상으로 '2030년 지구가 직면할 네 가지'에 대한 설문 결과에서 67%로 1위를 차지하였다. 해마다 기후변화로 인한 자연재해가 점점 커진다. 세계 모든 나라가 경각심을 가지고 대처하지 않으면 아름다운 지구는 멸망에 이를 수밖에 없다. 우리나라도 마찬가지다.

드디어 6일 만에 퍼스로 돌아왔다. 호텔에 짐을 내려놓고 렌터카를 반납하러 갔다. 예약 시간보다 2시간이나 빠른 6시경에 반납할 수 있었다. 다행히 업소가 호텔 부근이라서 편리했다. 5일 동안 한국 음식을 먹지 않고 잘 참은 가족과 나를 칭찬하며 한국 식당에 가서 돼지갈비를 먹었다. 오랜만에 먹으니 꿀맛이었다. 한국 음식점이 퍼스 여기저기에도 자꾸 생기니 여행 다닐 맛이 났다.

Australia
by Servas

퍼스

START
퍼스 ➡ 애들레이드

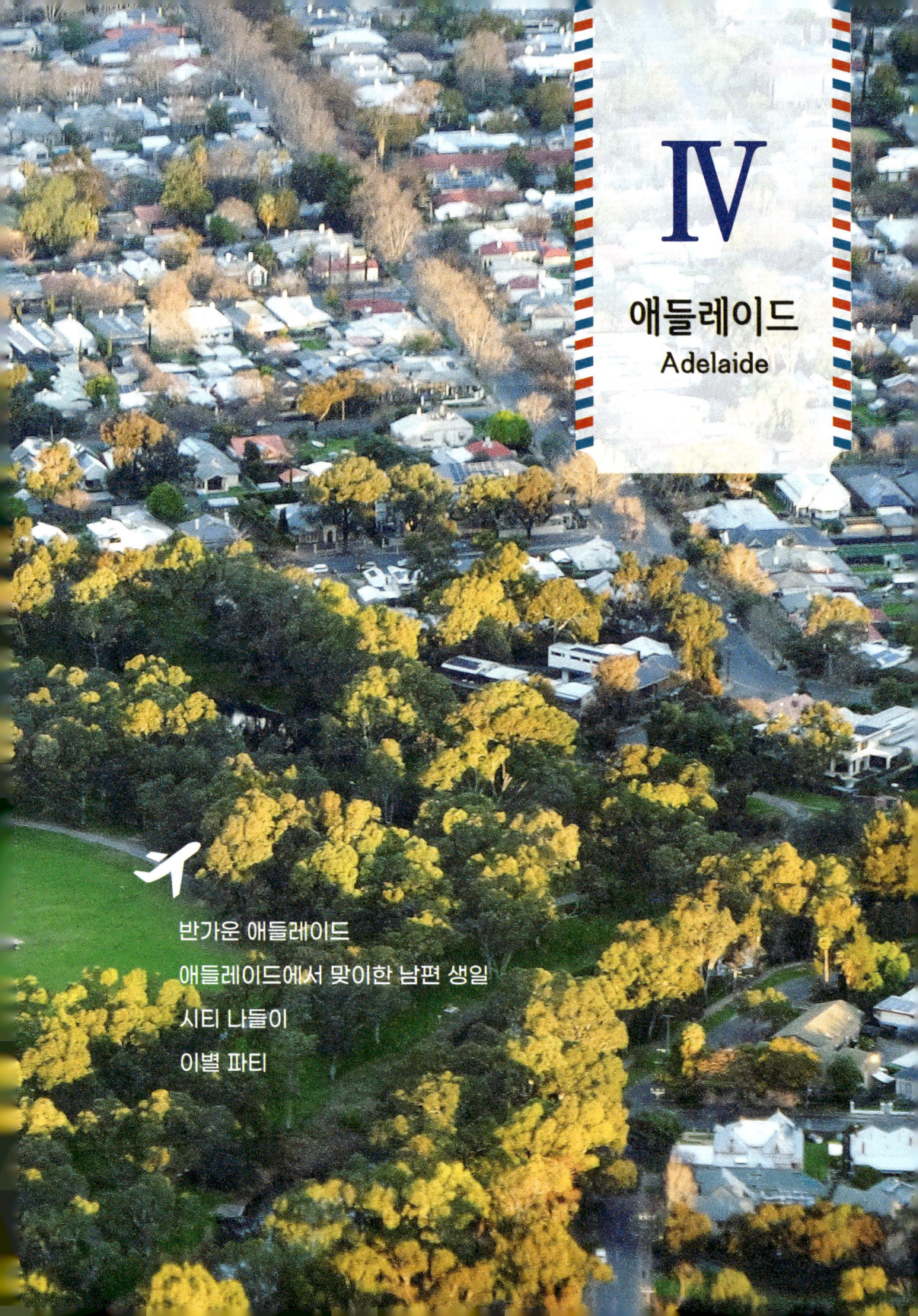

IV
애들레이드
Adelaide

반가운 애들레이드
애들레이드에서 맞이한 남편 생일
시티 나들이
이별 파티

반가운 애들레이드

8월 16일

 호텔에서 제공하는 아침을 느긋하게 먹었다. 인터넷으로 검색하니 호텔 부근에서 공항까지 가는 버스가 있었다. 도착 예정 시간보다 10분 정도 늦게 온 버스는 공항을 다니는 버스답게 짐칸이 널찍하였다. 큰 캐리어 두 개와 작은 가방도 몽땅 올렸다. 우리 가족 외에 공항까지 가는 가족 여행객이 탔는데 그들의 많은 짐을 올려도 괜찮은 넉넉한 공간이었다. 관광 수입국답게 여행자에 대한 배려를 곳곳에서 찾아볼 수 있다. 퍼스, 애들레이드, 멜버른 등 대도시 중심가에는 트램을 공짜로 운영하여 관광객의 이동을 편리하게 해 준다. 국가에서 관리하는 보타닉 가든 역시 대부분 입장료가 없어 경비를 덜어 준다.

 30분 정도 걸려서 공항에 도착했다. 2시 50분 출발 비행기라 딸이 간단히 먹을 음식으로 타코를 사 왔다. 공항 내에서 파는 음식이라 비쌌지만 먹을 만했다.

 이슬람의 폭탄 테러 영향으로 체크인을 하면서 무작위로 검열을 했다. 나는 무사

히 통과하였는데 남편이 걸렸다. 가방 안은 말할 것도 없고 몸을 수색한다고 호주머니에 있는 것을 바구니에 담고, 허리띠도 풀고, 신발까지 검열을 받았다. 무작위라면서 은근히 유색인종에 대한 검열이 많아서 기분이 좋지 않았다. 국내선이라 그런지 다행히 물을 빼앗지 않았다. 우리의 우려와 달리 기내에서 점심 대신 간단하게 샌드위치가 제공되었다.

비행기는 예정대로 출발해서 애들레이드 시각으로 17:40에 도착했다. 우리가 호주에 거주할 당시 알게 된 나 회장님이 픽업하러 나오셨다. 작년 봄에 한국에서 뵈었을 때와 비교해서 별다른 점은 없었으나 다리가 살짝 편찮으시다고 했다. 한겨울인 호주는 일찍 해가 졌다. 주차장을 빠져나오자마자 노을이 가라앉았다. 매직 아워도 잠깐, 도로는 어둠 속으로 빠져들어 헤드라이트가 길을 안내해 주었다.

나 회장님은 한국인으로 남호주 이민자 1호이다. 남호주 한인회장도 역임하셨고, 사업체도 운영하셨기에 나 회장님이라 부른다. 40년 전에 태권도 사범으로 오셔서 경찰, 주의원 등 굵직한 제자들을 가르쳤고, 여전히 건물 반지하에 도장을 운영하면서 사범이 있지만 특별한 분에게는 본인이 지도하고 계신다.

나 회장 부부를 위하여 선물을 몇 가지 가져갔다. 난초와 매화를 직접 그린 커다란 부채를 드리니 기뻐하시며 거실에 있는 와인 바(Wine Bar) 위에 두었다. 몸매가 제법 넉넉한 사모님께는 커다란 짝퉁 명품 손가방과 학생들처럼 등에 멜 수 있는 가방을 드렸더니 커서 좋다고 하였다. 기장산 미역도 덤으로 드렸다. 비싼 돈을 들인 것은 아니지만 흡족해하시는 모습을 보니 나 역시 기뻤다. 선물을 준비할 때는 받는 이의 입장에서 마련해야겠다.

웰컴 티(Welcome Tea)를 마시고 저녁은 나가서 먹었다. 베트남인이 운영하는 중국 식당이었다. 우리는 음식 이름도 모르니 사모님께서 척척 알아서 시켰다. 예전에 왔을 때 먹었던 음식이라서 그런지 우리 입맛에 잘 맞았다. 시킨 요리가 다 맛있었으나 5명에 6개의 요리를 시켰으니 양이 많아서 다 먹지 못했다. 아깝기도 하거니와 버리면 여러 가지로 낭비이기에 남은 음식을 포장해서 들고 왔다.

    집에 돌아와서 감초 맛이 나는 삼부(Sambu)라는 술을 한 잔씩 따르고, 딸은 오렌지 주스를 마시면서 만남의 건배를 하였다. 피곤한 데다 알코올 성분이 스르르 퍼져서 곧 잠이 들었다. 전기요가 너무 뜨거웠는지 뒤척거렸다. 게다가 여행 내내 딸과 계속 한 침대를 사용하다가 남편과 자니 코 고는 소리에 깊은 잠을 자지 못했다.

    딸의 글 애들레이드는 어릴 때부터 여러 번 왔었다. 호텔에 머물 때도 있었지만 대부분 나 회장님 댁에서 머물렀다. 나 회장님은 별로 마음에 들지 않는데 사모님은 너무 좋으신 분이다. 나 회장님은 와인을 좋아해서 우리가 애들레이드에 올 때마다 와이너리에 데리고 간다. 나는 할 일이 있어서 집에 남아서 일을 했지만 엄마와 아빠는 함께 가서 와인 두 병을 사 오셨다.

    이번 애들레이드 여행은 먹방 투어 같았다. 나 회장님은 육고기를 제일 좋아하고 무슨 음식이든지 잘 드신다. 첫날에는 중국 음식점에 가서 이름도 모를 여러 가지 음식을 시켰다. 예전에 먹었던 음식이었는지 우리 입맛에 맞았다. 둘째 날에는 낮에는 베트남 국수, 저녁에는 쇠고기 스테이크를 먹었다. 호주에 오면 지인들 집에 가서 T bone 스테이크나 바비큐를 대접받았는데 이번에는 아빠 생일이라서 외식을 하였다. 음식값은 한국에 왔을 때 우리 집에 머물렀던 적이 있는 스티븐이 냈다. 200A$ 넘게 제법 비쌌는데도 선뜻 내주니 고마웠다. 셋째 날에는 점심은 케밥, 저녁에는 시내에 나가서 일식당에서 우동과 초밥을 먹었다. 마지막 날에는 이별 파티로 사모님이 집에서 준비하셨는데 잔칫상 같았다. 닭볶음, 돼지 두루치기, 연어회와 도미찜, 잡채 등 육해공 음식이 다 나왔다. 옛날에 식당을 한 적이 있었다는데 요리사 대신 일을 하셨어도 될 만큼 솜씨가 좋다.

나 회장님이 한국에 오면 아빠가 차를 태워 다니기도 하고, 부탁하는 일을 귀찮아하지 않고 해결해 주신다. 그래서인지 우리가 애들레이드에 가면 친척처럼 잘 대해 주신다. 서바스 회원으로 가입하지 않았지만 젊은 시절부터 서바스 회원처럼 많은 한국 지인을 재워주고 도와주셨다. 호주에 갈 때면 애들레이드에는 딱히 볼 일이 있어서 가는 게 아니라 나 회장님을 보기 위해서 간다. 우리가 예전에 호주에 살았을 때부터 맺어온 나 회장님과 부모님과의 인연이 벌써 30년이 다 되어 간다. 계속해서 이어지면 좋겠다.

애들레이드에서 맞이한 남편 생일

8월 17일

　나 회장님 댁에서는 토요일에 가족들이 함께 아침을 먹기 때문에 Big Breakfast를 즐긴다. 치즈, 베이컨, 여러 가지 잼, 식빵과 다른 빵, 요구르트, 우유, 주스 등 아침 먹거리를 많이 준비하셨다.

　오늘 남편 생일이다. 도착하면서 언질을 준 덕분에 사모님께서 밥과 미역국까지 준비해 주셨다. 고맙기도 하고 미안하기도 했다. 남의 부엌살림을 모르니 내가 나서서 할 수도 없고 부탁을 하였다. 생일상은 아이를 낳는다고 고생한 우리 모두의 어머니에게 드려야 마땅하지 않을까 싶다.

　식사 후 우리 가족은 회장님을 따라 포트 애들레이드에 갔다. 구도시의 중심이었던 항구(Port Adelaide)의 명성은 퇴색되어 찬바람마저 그를 쓸쓸하게 쓰다듬고 지나갔다. 항구는 크루즈를 타는 선착장으로 바뀌어 간간이 여행객들이 다녀갔다. 예전에 경매장으로 사용하던 피셔맨 와프 마켓(Fishermen's Wharf Market)이 일요일마다 벼룩시장으로 오픈한다고 한다. 내일이 일요일이니 기대해 봐야겠다.

　포토 애들레이드 강 다리 위에 섰다. 강바람이 잔잔하였다. 남편과 나 회장님은 무슨 생각을 했을까. 시들해진 항구와 달리 델핀 섬(Delfin Island)이 강을 끼고 멋진 뷰를 뽐내었다. 남편이 금전적 내리막길을 걸었듯이 회장님의 가세도 많이 기울었다. 50세 전에는 태권도 사범으로 남호주 기관 단체를 지도하여 부를 많이 축적하였다. 무슨 바람이 들었을까. 생판 해보지 않았던 식당을 요리사만 믿고 운영하면서 막대한 손실을 입었다.

살았던 동네라면서 델핀 섬으로 우리를 데리고 갔다. 마을은 평온했다. 부촌답게 웅장하고 멋진 집이 많았다. 바람이 봄손님으로 꽃부터 데려왔나 보다. 마을 곳곳에 벚꽃이 만발하여 주목을 끌었다.

사모님을 모시고 점심때 월남 국수를 먹으러 갔다. 양이 엄청 많았고 맛도 그런대로 괜찮았다. 몇 년 전에 왔을 때는 대부분의 식당은 중국인들이 운영했는데 요즘엔 베트남 주인으로 바뀌었다. 중국인처럼 자기네 민족끼리 똘똘 뭉쳐 중국인보다 더 싼 인건비에다 맛과 질을 높여 현지인이 즐겨 찾는 식당으로 변모하고 있었다.

사모님을 댁에 모셔다드리고 와인을 좋아하는 회장님은 우리를 태워 바로사벨리 (Barossa Valley) 와이너리로 갔다. 세 번째 방문이다. 입구 길가에 늘어선 키 큰 야자나무들이 많이 자라서 넓은 그늘을 만들고 있었다. 바람이 불어올 때면 서걱서걱 잎을 부딪치며 서로를 위로하며 외로움을 달래는 듯했다.

몇 년 전보다 사업 규모가 훨씬 커졌다. 중국인 소믈리에는 물론, 불어 사용자, 스페인어 사용자까지 고용하여 고객의 다양성에 맞추어 매출을 올리는 모양이다. 다음

IV ……… 애들레이드 Adelaide

에 언젠가 오게 되면 한국인 소믈리에도 만날 수 있으리라고 희망한다. 술을 거의 못 마시는 남편은 한 모금으로 그쳤지만 나는 다양한 와인을 시음하였다. 여성을 위한 달콤한 맛도 좋았지만 와인 본연의 맛을 지닌 향긋한 맛에 더 이끌렸다. 오늘 저녁에 먹을 요량으로 소믈리에가 추천한 와인 2병을 저렴하게 샀다.

집으로 돌아와 과일을 먹으며 한참을 쉬었다. 호주의 망고 맛은 잊을 수가 없는데 겨울이라서 맛볼 수 없어서 아쉬웠다. 말랑하게 익은 리치를 까먹고, 수입한 포도를 먹으며 노랗게 망고가 익어 가는 여름 호주를 보러 다시 올 수 있을지 상상했다.

어둑어둑 저녁이 찾아왔다. 모두 나 회장님 차를 타고 스테이크 하우스에 갔다. 회장님의 태권도 제자 스티븐도 동석하였다. 나 회장을 따라 가끔 한국에 방문할 때나, 우리가 회장님댁을 방문했을 때 본 사람이라 낯설지 않았다. 그는 IT 관련 사업의 교육프로그램을 개발도 하고, 사이버 교육생을 가르치는 강사이기도 하다. 직접 사업체를 운영하며 여유로운 생활을 하며 지낸다.

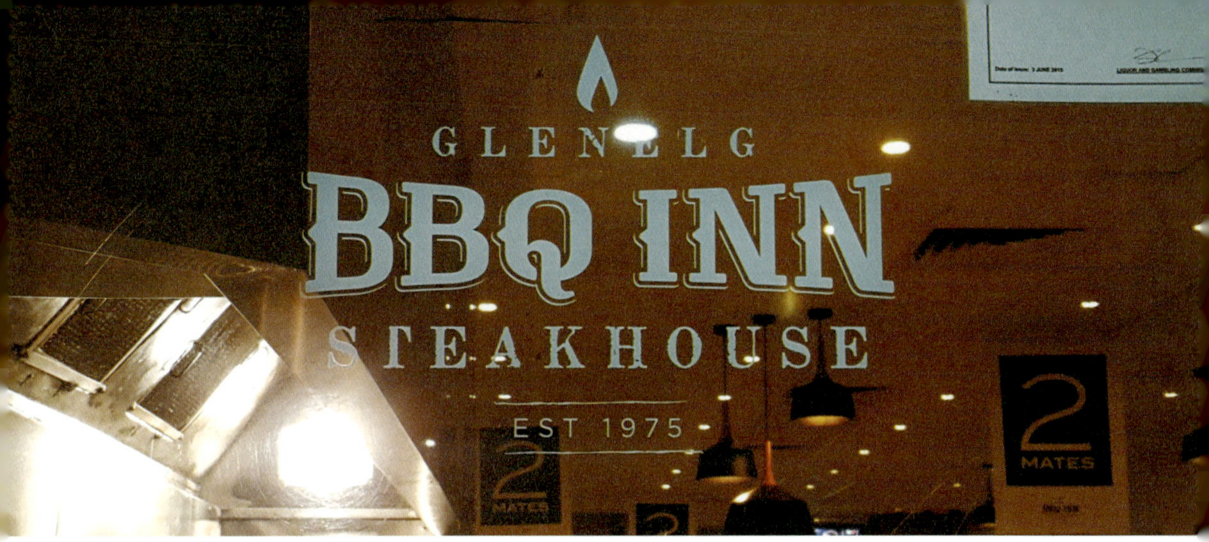
GLENELG
BBQ INN
STEAKHOUSE
EST 1975
2
MATES

MATES
BBQ INN
STEAKHOUSE
2
MATES

Yeo's
HOT
CHILLI
SAUCE

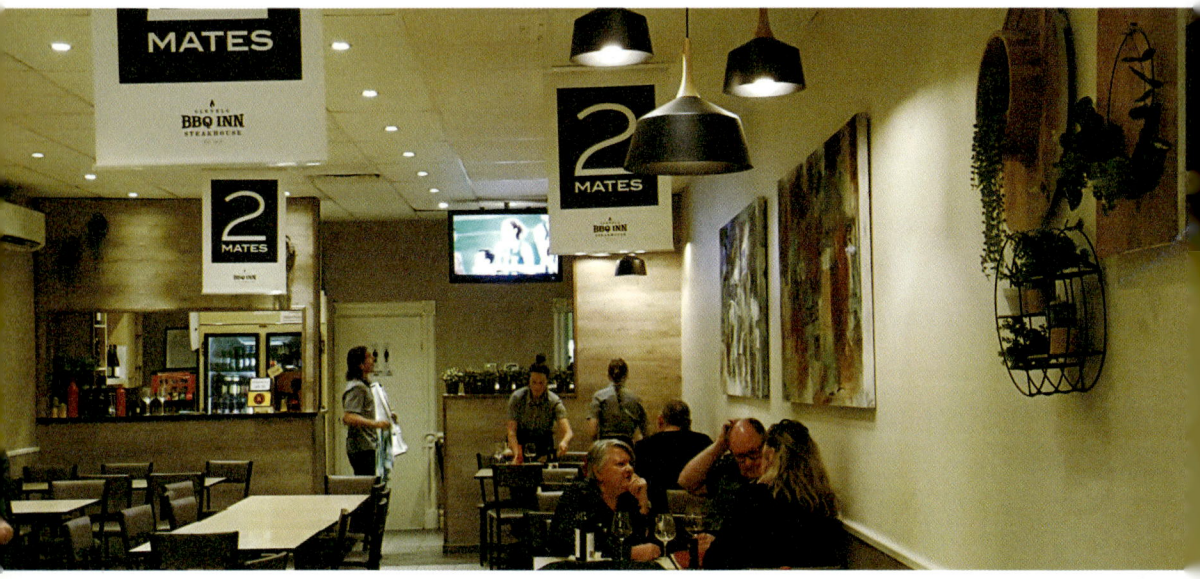

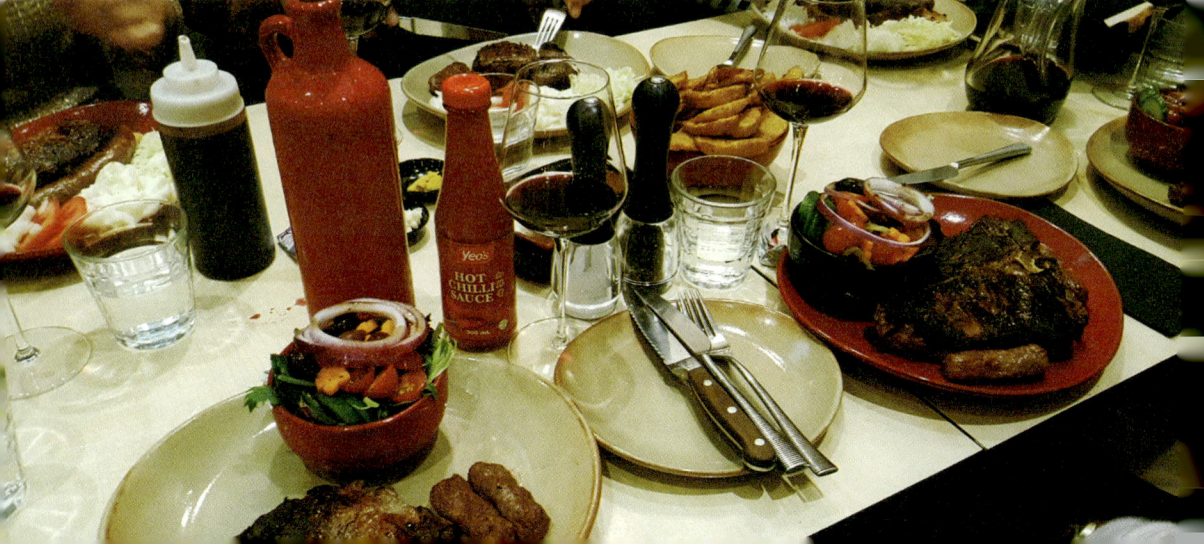

토요일이라 가족 단위의 손님들이 많았다. 나와 딸은 등심(Rib Eye Roll) 부위를 미디엄 웰로 주문하고, 남편은 티본(T-born)을 미디엄 웰로 주문했다. 2cm 정도 두께로 잘 익은 고기는 육즙이 촉촉하여 보기에도 맛있었다. 육고기를 좋아하지는 않지만 쫄깃하면서 부드러워 제법 많이 먹었다. 낮에 사 온 붉은 포도주가 생각보다 괜찮은 맛으로 스테이크와 잘 어울렸다. 사모님이 들고 온 생일 케이크에 초를 꽂고, 생일 축하 노래를 불렀다. 전혀 생각지도 않은 선물로 향수를 받은 남편은 눈물까지 글썽거렸다.

　외국 사람이라고 식사 후에 모두 더치 페이(dutch pay)를 하는 것은 아니다. 회장님을 따라 작년에 한국에 왔을 때 우리 집에서 며칠간 머물렀다고 남편의 생일을 축하하며 스티븐이 저녁을 샀다. 200A$이 넘게 나왔는데…. 사람 사는 세상이 다 똑같지. 가는 정이 있으면 오는 정이 있게 마련이다. 금액을 떠나 자신의 손님도 아닌데 멀리까지 온 우리를 위해 베푼 그에게 정중하게 고맙다고 인사했다.

바로사벨리(Barossa Valley) 와이너리
https://www.barossa.com

호주에서 가장 유명한 포도주 생산지인 이곳은 1842년부터 포도를 재배하기 시작하였다. 550가구가 재배하고 있으며 이곳에서 재배된 질 좋은 포도는 170개의 회사에 공급한다. 포도주 양조장에서는 포도주 주조 과정뿐만 아니라 직접 포도주도 시음하고 구입도 할 수 있다.
· **주소**: Barossa Valley, Tanunda SA(타눈다 일대)

글레넬그 스테이크 하우스(Glenelg Barbeque Inn)
www.glenelgbbqinn.com.au

Stojanovic/Marchioro 씨 부부가 1958년에 오픈하여 현재는 손자 Martin이 운영하는 식당으로 1975년부터 지금의 장소에서 영업하고 있다. 어린 양, 돼지고기, 쇠고기, 닭고기 등을 숯불에 굽는 바비큐 전문점으로 테이크아웃과 배달이 안 되며 매장 내에서만 먹을 수 있다. 고기가 주메뉴이고 파스타, 채식주의자를 위한 메뉴도 개발되었다.
· **영업시간**: 화요일~금요일 : 12:00~14:30, 17:00~21:00
　　　　　　월요일, 토요일 : 17:30~21:00
　　　　　　일요일 : 휴무
· **주소**: 160 Jetty Rd, Glenelg SA

시티 나들이

8월 18일

　푹 자고 보통 때보다 조금 늦게 일어났다. 아침을 간단히 먹고 항구 옆에서 열리는 와프마켓 벼룩시장에 갔다. 잠깐 구경하고 오려고 아무런 준비 없이 나갔는데 비가 내렸다. 투명 천정에 떨어지는 빗소리는 드럼 같았다. 드르륵, 다다다, 통탕통탕, 챙챙챙. 몹시 세게 때로는 여리게, 한바탕 비를 뿌리다가 잠시 쉬더니 다시 내리기를 반복하였다.

　이왕 온 김에 비도 피할 겸 빠짐없이 가게들을 살폈다. 재활용품 70%, 새 상품 30% 정도로 진열되어 있었다. 누가 저걸 살까 싶은 쓰지 못할 물건도 엄청 많았다. 손수 짠 옷, 스펀지 등 수공예품은 가격이 제법 비쌌다. 고가구, 옛날 동전, 우표, 촛대, 사용한 흔적이 있는 아이들 장난감 등 추억을 더듬게 하는 오래된 물건이 많았다. 특별한 날 입는 드레스를 비롯한 옷가지와 장신구 등도 팔았다.

두어 바퀴를 돌다가 시장 입구 부근에 있는 가게에 들어갔다. 딸이 쓸 모자에 눈길이 갔다. 마네킹에 DP한 조끼가 깔끔해 보였다. 벗겨서 입으니 내게 잘 어울렸다. 모자 10불, 인조 여우 털 조끼를 10불에 샀다. 쌀쌀한 날씨에 걸치니 한결 따뜻했다. 버릴 물건도 재활용하는 이들의 근검절약은 몸에 배어있다. 배울 점이 한둘이 아니다.

급격한 경제성장에 힘입어 90년대 우후죽순으로 지어졌던 아파트처럼 우리나라 사람들의 소비 풍조도 급격히 늘어났다. 아파트에 입주하기 위해서 주택에서 사용했던 가구를 몽땅 버리고 새것으로 바꾸었고, 좌식에서 입식으로 생활양식이 변하면서 이불도 버리고, 밥 먹던 상床도 없애고, 입지 않은 옷가지도 마구 버렸다. 쓰레기 아닌 쓰레기가 많이 발생하였다. 최근에는 골목길을 끼고 옹기종기 모여 있던 주택들이 모조리 부서지고 빌라나 대단지 아파트로 바뀌었다. 골목길에 얽힌 추억마저 깡그리 사라졌다.

가장 편리하다고 발명한 플라스틱류는 쓰고 난 후 처치 곤란으로 환경오염뿐만 아니라 생태계를 망가뜨리고 있다. 일회용품 역시 지구를 손상하는 주범이다. 세계 사람들이 사용한 쓰레기가 태평양으로 떠 내려와 생긴 쓰레기섬은 놀랍게도 남한 면적의 14배라고 한다. 90%가 썩지 않는 비닐과 플라스틱류다. 잘게 부서진 조각을 바다생물이 먹고, 그들을 인간이 먹게 된다. 방사선이나 원자핵처럼 인간이 만든 다양한 발명품들로 인해 결국 인간이 피해를 입는다. 생활 습관과 행동 양식을 바꾸지 않으면 지구는 점점 황폐화할 것이다. 쓰레기를 줄이고, 철저하게 재활용하고 있는지 반성하는 시간이 되었다.

비를 피해 집으로 돌아왔다. 바로 길 건너에 있는 그릭(Greek) 레스토랑에서 점심으로 케밥을 먹었다. 주인은 단골손님인 회장님과 우리를 아주 살갑게 맞이하였다. 양고기, 닭고기, 쇠고기 구운 것과 샐러드를 피데에 말아서 먹는 것이 케밥이다. 길거리 음식이라 여겨서 그런 방식을 싫어하는 나 회장님을 위해서 고기 혼합과 샐러드를 따로따로 접시에 담아 주었다. 점심으로 케밥을 사러 오기도 하고 우리처럼 식당에 먹으러 오는 단골이 많았다. 식성 맞춤뿐만 아니라 소스의 맛이 독특하고, 고기의 질과 맛이 뛰어나서 가게가 잘되는 것 같았다. 양고기 특유의 냄새가 거의 나지 않아서 맛있게 먹었다.

　비가 내리는데도 불구하고 사모님이 우리 가족을 위해 시티 나들이 가이드로 나섰다. 애들레이드 도착 후 계속 승용차만 타고 다니다가 처음으로 대중교통을 이용하였다. 기차를 20분쯤 타고, 버스로 환승 후 애들레이드 대학에서 내렸다. 미술관, 박물관이 모여 있는 중심가였다. 미술관에는 애버리지니 작가들과 현대 작가들의 작품을 전시하고 있었다. 원시시대와 현대가 한 공간에 공존하고 있으니 묘한 기분이 들며, 우리나라의 진짜 조상은 누굴까 궁금해졌다. 박물관은 시간이 없어서 입구만 둘러보고 나왔다.

Adelaide Metro
3003

EXHIBITION
Council Chamber
62 Commercial Rd

　나 회장님은 태권도 수업을 하느라 오지 못하고 사모님과 우리 가족만 일식당에서 저녁을 간단히 먹었다. 두 가지를 주문하였는데 면 종류만 먼저 나왔다. 이상하게도 우리 것이 안 나와서 물으니 초밥이라 만드는 시간이 좀 걸린다고 하였다. 계속 기다려도 음식이 나오지 않아서 물으니 아예 주문을 넣지 않았다. 정말 어이가 없었다. 제대로 사과하지 않아서 그냥 나올까 하다가 초밥 작은 것을 하나 시켜서 나눠 먹었다. 일본 식당이라 기대를 했는데 비싸기만 하고 서비스도 엉망이라 기분이 좋지 않았다. 아르바이트생이 실수한 것이라 믿고 싶었다. 주인이 있고 없고에 따라 차이가 이렇게 난다면 앞으로 영업이 계속 잘될까?

Australia

나 회장님이 우리를 픽업하러 왔는데 위 사실을 알고는 붉으락푸르락하며 따지러 간다는 것을 겨우 말렸다. 우리가 오랜만에 왔다고 근처에 있는 카지노에 데리고 갔다. 정선 카지노와 라스베이거스에서 한번 경험했던 게임기도 있었고, 처음 보는 게임판도 많았다. 역시 게임은 보기만 해도 흥미진진하였다. 게임에서 돈을 따는 것은 띄엄띄엄, 잃는 것은 한순간이었다. 100A＄을 칩으로 바꾼 다음 게임을 하더니 한 방에 날리는 사람도 여럿이었다. 집안 망하는 것 중의 하나가 도박이 아니던가. 우리는 보기만 하고 시작도 하지 않았다.

피셔맨 와프 마켓(Fishermen's Wharf Market)

fishermenswharfmarkets.com.au

포토 애들레이드 등대 바로 앞에 위치하며, 매주 일요일 벼룩시장이 열린다. 서적, 사진, 레코드판, 다양한 수집물, 옷가지 등 중고물품을 비롯하여 생활용품, 과일과 채소, 약간의 먹거리 등을 판다.

· **영업시간**: 일요일 09:00~16:00
· **주소**: 29 North Pde, Port Adelaide SA

이별 파티

8월 19일

딱히 일찍 일어날 이유가 없었다. 어제 늦게 잠이 들어 눈이 떠지는 대로 일어나서 시계를 보니 9시가 넘었다. 우리 때문에 귀찮을 텐데 사모님은 소리 없이 아침을 차려 놓으셨다. 대가를 바라지 않고 가족처럼 성의껏 대해 주는 모든 것에 감사할 따름이다.

아침을 먹고 가까운 쇼핑몰에 갔다. 호주는 우리나라와 달리 채소나 과일, 정육 등 음식 종류만 파는 곳, 옷이나 그릇, 세제 등 가정에서 필요한 생활필수품을 파는 슈퍼, 전기 관련 및 주택에 필요한 물품을 파는 마트 등으로 나누어져 있다. 지퍼가 고장이 나서 입을 바지가 없어서 K마트에서 딸의 옷을 샀다. 우리와 달리 9, 10 등 숫자로 사이즈를 표기하기 때문에 딱 맞는 바지를 고르느라 시간이 많이 소요되었다.

바로 옆에 있는 ALDI 마트에서 먹거리를 샀다. 바나나, 빵, 우유 등을 사서 실내 벤치에 앉아 점심으로 대체하였다. 티라미수는 생각 외로 부드럽고 그다지 달지 않아서 하나 더 사서 사모님께 드렸다. 2년 전에 호주에 들어온 독일에 본사를 둔 ALDI는 오랫동안 호주를 장악해온 울워스(Woolworth)나 콜스(Coles)와 맞먹을 만큼 매장 수가 늘어나고 있다. 타국의 기업들이 호주에 진출하고 있는 것을 보니 호주가 점점 큰 시장으로 주목받고 있는 듯하다. 조용하던 호주가 점점 복잡하고 혼잡해지는 것 같아 씁쓸하였다.

점심시간이 훨씬 지나 집에 도착했다. 잠시 쉬었다가 딸은 집에 있고 나 회장님은 우리 부부를 골프장으로 데려갔다. 나 회장님의 가장 큰 취미는 골프이다. 애들레이드에서 유명한 그랜지(Grange) 골프장 회원임을 자랑하며, 자부심이 대단하였다. 골프장 벽면에 주니어 우승자로 둘째 아들과 딸의 이름이 등재된 것도 자랑거리였다. 딸은 지금 미국에서 투어프로로 활약 중이니 어깨에 힘줄 만하다.

    집에 도착하니 맛있는 냄새가 솔솔 풍겼다. 우리가 골프장에 다녀올 동안 사모님은 저녁 준비를 혼자 하셨다. 퇴근 시간이 지나서 둘째 아들 안드레이 부부가 손녀 페이튼과 손자 제이콥을 데려왔고, 스티븐도 도착했다. 조용하던 큰 집이 꽉 찼다. 북적거리기도 하고 시끌시끌해야 사람이 사는 집 같다. 핵가족 시대에 손자와 할아버지까지 많은 사람이 모이니 어린 시절로 돌아간 듯 마음이 넉넉하고 따뜻해졌다.

    빅 파티였다. 사람도 많고, 음식도 풍성했다. 도미찜, 닭 날개와 다리 구이, 연어회, 돼지고기 두루치기, 잡채 등 주요리만 해도 풍성한 산해진미였다. 젊으실 때 손님 접대를 많이 하셨다더니 정말 일류요리사 못지않았다. 언제 이렇게 준비했을까. 존경스럽고 날마다 잘 만든 음식을 먹으니 황송할 따름이었다.

식사 때 항상 빠지지 않는 게 술이다. 나 회장님이 아껴 둔 포도주를 꺼내 왔다. 몇 차례 건배하며 천천히 우아한 저녁을 즐겼다. 디저트로 내가 산 티라미수와 며느리가 가져온 이탈리아산 케이크를 먹었다. 며느리는 이탈리아계 호주인이다. 이탈리아도 우리처럼 어릴 때부터 대가족 문화로 자라기 때문에 가족의 유대관계를 소중히 여긴다. 시부모에게 공손하고 자주 집에 들르니 좋다고 회장님이 늘 칭찬하고 흐뭇해하셨다. 손주들이 잠잘 시간이 되어 아들 가족은 먼저 갔다.

오랜만에 노래를 부르고 싶어 하는 회장님의 청을 들어 사모님이 노래방 기기를 준비하였다. 기계도 사모님이 더 잘 만졌다. 스티븐도 포도주를 한 잔 더 마시고 돌아갔다. 혼자 사는 그를 위해 사모님은 스티븐에게 잡채를 챙겨 주었다. 세심하고 따뜻한 정이다. 따뜻한 가족의 정이 그리워 스티븐은 나 회장님이 한 곡을 부르고 나서 집으로 갔다. 태권도 실력이 좋은데도 그만두지 않고 계속해서 체육관에 와서 연마하고 회장님을 존경하고 따르는 모양이다.

회장님의 18번을 위시하여 돌아가면서 서너 곡씩 노래를 불렀다. 회장님은 60년대의 아주 옛날 노래, 남편은 좋아하는 남자 가수의 노래를 불렀다. 사모님은 목소리가 곱고, 노래 솜씨도 일품이었다. 나도 '슬픈 연가', '골목길' 등 7080세대의 노래를 불렀다. 오랜만에 노래하니 즐거움이 배가 되고 스트레스가 날아가는 듯 속이 후련하였다. 호주에서는 평일에 너무 시끄럽게 하면 주변에서 신고가 들어온다. 다행히 회장님 댁은 방음장치가 되어 큰 소리가 밖에서는 들리지 않은 모양이다. 그래도 11시쯤 노래방을 끝냈다. 새벽 1시까지 두 분이 만난 이야기, 식당을 하다가 실패한 이야기 등 그동안 살아온 이야기를 나누었다.

사모님은 팔방미인이다. 요리도 잘하고 가수 뺨치는 노래 실력이다. 자식들을 위해 헌신하신 모습도 훤히 그려진다. 게다가 남편의 비위는 어쩜 그리도 잘 맞추는지.

　내가 본받아야 할 따뜻하고 후덕한 성품을 지녔다. 임금을 모시듯 남편을 위해 온 갖시중을 드는 사모님이 존경스럽다.

　몇백 년 전에 태어났다면 중후한 왕비가 되어도 손색이 없겠다. 단아한 인물과 넉넉하고 천하를 다 품고도 남을 인자함이 묻어나는 인품의 소유자다.

　애들레이드는 먹기 위해 온 것 같다는 딸의 푸념을 뒤로하고 잠자리에 누웠다. 정말 그랬다. 중국식-월남 국수-케밥-일식-스테이크-만찬으로 이어진 먹자 여행. 우리의 계획과 의지와 상관없이 일어난 일이었다. 일식당을 제외하고는 양과 맛도 고급 레스토랑 못지않았다.

개인의 의지대로 살아가는 사람이 몇이나 될까. 잘 감아둔 실타래가 풀리듯이 술술 풀리는 인생도 있겠지만 본인의 의지와 상관없이 넘어지고 깨지는 일도 허다하다. 주변을 둘러보면 성사될 뻔한 일도 뒤틀어지고, 경제적으로 해를 끼치는 이도 나타나고, 믿었던 사람에게 배신을 당해서 망하기도 하고 서로 원수가 되는 관계도 자주 보았다. 지금의 내가 사는 모습은 전생에 내가 뿌린 행동의 결과이고, 지금 나의 삶은 다음 생을 위한 적금이라 한다. 좋은 생각, 바른 행동으로 살아가야겠다.

Australia
by Servas

START

애들레이드 ➡ 앨리스스프링 ➡ 울루루
➡ 킹스캐년 ➡ 앨리스스프링

앨리스 스프링

8월 20일

몇 시나 되었을까. 아기 소리에 잠이 깼다. 일주일에 몇 번 사모님께서 손주를 봐 주는데 오늘도 아들이 출근하면서 아이를 맡기고 갔다. 자녀들이 맞벌이 부부라면 친정 부모나 시어른들이 노후에 손주를 보느라 한몫을 거드는 일이 동서양이 다르지 않다. 우리 엄마도 외손주 친손주를 가리지 않고 1년 정도 돌보셨고, 2019년에 다녀왔던 이스라엘 서바스 회원 라냐도 외손주를 돌보기 위해 하이파에서 텔아비브까지 자동차로 1시간이 넘는 거리를 일주일에 3차례나 다니신다.

나 회장댁 손주 제이콥은 곧 돌인데 말이 늦고, 남자아이라 고집이 세다. 한참 호기심이 많은 시기, 무조건 만지고 입에 넣는다. 위험한 것을 못 하게 하면 쟁쟁거리며 얼굴을 찡그리는 모습조차 귀여운 아가다. 할아버지의 손주 보는 것이 서툴러서 할머니만 찾는다.

오늘은 앨리스 스프링으로 떠나는 날, 아침부터 짐을 챙기느라 바빴다. 갓김치, 돼지 두루치기, 된장찌개 재료, 오렌지 등 먹을 것까지 얻어서 짐을 꾸렸다. 아쉬운 작별을 나누고 나 회장님의 배웅으로 공항에 도착했다.

검색대 검사는 언제나 긴장된다. 이번에도 백인은 그냥 통과 우리 가방을 열고 검사를 한다. 순한 딸이 화가 나서

"왜 아시안만 검사하니? 니들 인종차별 하는 것 아니야?"

물으니 무작위로 검사를 하는 거라고 건성으로 대답할 뿐이다. 시간이 많으면 마음먹고 어떤 사람의 짐을 검사하는지 데이터를 작성하고 싶은 심정이었다. 백인 우월주의가 오래전에 사라졌다고는 하지만 아시안이나 유색인종의 이민자들을 무시하는 공무원들의 행동이 가끔 뉴스에 오르내린다. 호주뿐만 아니라 미국도 그렇고 우리나라도 외국에서 온 노동자들에게 얼마나 많은 차별을 가하고 있는지 반성해야 할 부분이다.

12시 40분 출발, 3시 10분에 도착하는 비행기였다. 기다리는 동안 옆에 앉은 모녀와 이야기를 나누었다. 다윈에 있는 친정에 다니러 가는데 앨리스 스프링에서 갈아탄다고 하였다. 비행기가 이륙한 후 가는 동안 스낵 한 봉지와 주스 한 잔이 나왔다. 잠깐 눈을 붙이고 나니 어느새 앨리스 스프링에 도착하였다.

우리가 탔던 비행기는 80명 안팎으로 탈 수 있는 소형이다. 워낙 땅이 넓은 호주는 소형 비행기가 운행되는 곳이 많으며 공항의 규모는 아주 작다. 앨리스 스프링 공항은 부산의 고속버스 터미널보다 작았다. 비행기에서 내려 50m 정도만 걸으면 출입국장이다. 내가 다녔던 호주 공항 중에서 애버리지니 스타일로 꾸며진 가장 호주다운 공항이었다. 원주민들의 그림들이 벽면을 장식하고, 디저리두, 부메랑 등의 상징물들이 라운지 여기저기에 놓여 있었다.

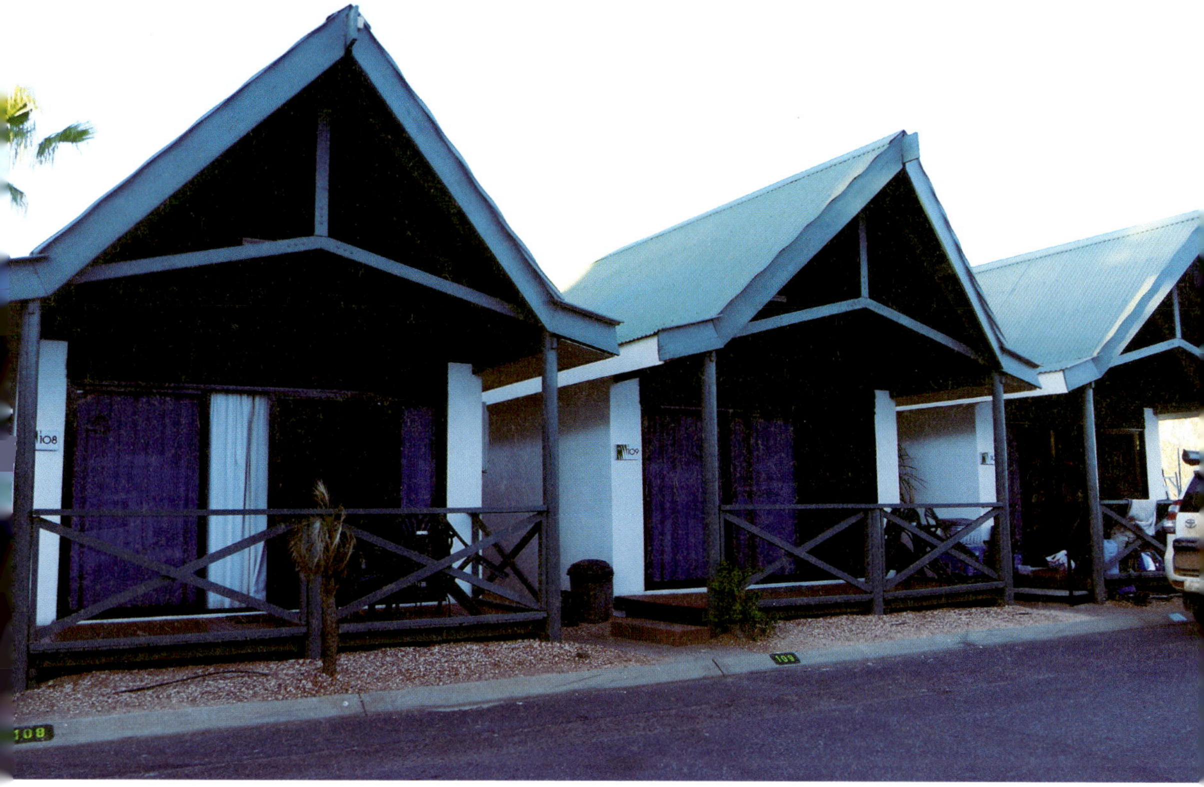
108
109

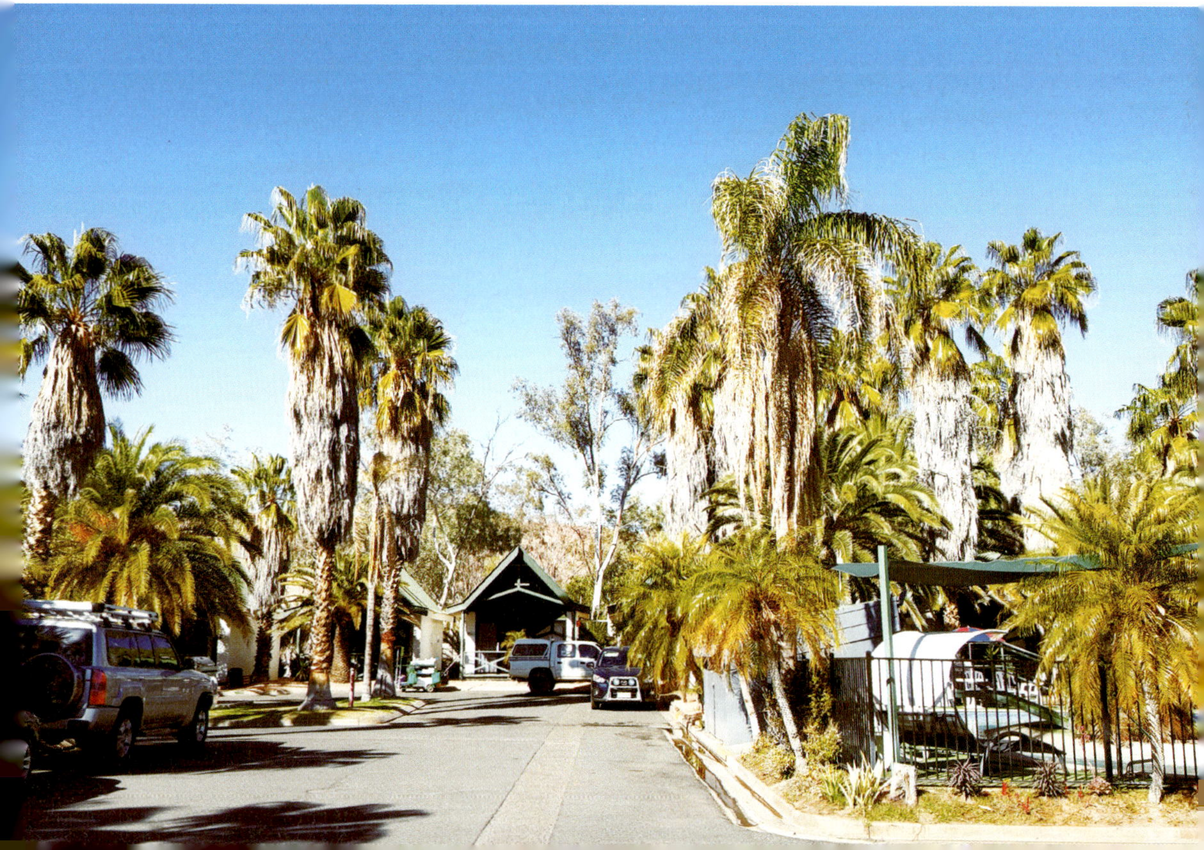

불편한 점은 앨리스 스프링과 공항 간의 대중교통은 없다. 셔틀버스라는 것도 여행사에서 운영한다. 우리가 머물 숙소까지는 택시 또는 여행사 셔틀버스뿐이다. 우리가 머물 숙소는 셔틀버스를 타니 10분 정도 걸렸다. 키 큰 야자나무가 바람을 맞이하며 우리를 반겨 주었다.

남편은 샤워하고, 딸은 사진 정리를 하고 나는 저녁 준비를 위해 물을 사러 갔다. 지도상으로는 바로 옆처럼 보였는데 자세히 검색하니 숙소에서 1.2km나 떨어진 곳에 슈퍼마켓이 있었다. 강으로 표시된 곳이라 내려가지 못하고 지도를 따라 천천히 걸어갔다. 강은 물 한 방울 없이 바짝 말랐다. '에이, 진작 가로질러 올걸.'

대도시에서 떨어진 이곳에 오려면 운송비가 많이 드니 물가가 비싸다. 1.5L 물 한 병이 2불, 애들레이드 가게의 3배인 값이다. 물 3통, 1L 우유까지 낑낑거리며 들고 왔다. 왕복 1시간이 걸렸다. TV에서 보았던 아프리카의 사람들이 물을 얻기 위해 2시간씩 걷는 장면이 실감이 났다. 그것도 맑은 물이 아니라 흙탕물이거나 오염된 물이라니. 오염된 물인 줄 알면서도 수분 섭취 때문에 할 수 없이 마시고, 그로 인해 전염병이나 몹쓸 병에 걸려 결국은 생을 마감하는 사례가 지구촌에서 날마다 벌어진다. 안타까운 삶의 현장이다.

준비해 온 재료로 된장찌개를 끓이고, 가져온 반찬과 햇반으로 저녁을 먹었다. 큰 가방 두 개와 작은 가방에 있던 짐을 해체해서 2박 3일 동안 캠프 생활에 가져갈 것을 따로 꾸렸다. 침낭, 전기요, 갈아입을 옷, 화장품 등 가져갈 물건을 챙겨 작은 가방에 넣었다. 남은 짐은 큰 가방 두 군데에 분산하여 정리한 후 호텔에 맡겼다. 샤워하고 잠자리에 누웠는데 긴장이 되는지 잠이 잘 오지 않았다.

V ········ 울루루 캠프 Uluru Camp

능선이 아름다운 카타추타 국립공원

8월 21일

지구의 배꼽이라 일컫는 울루루는 사암 성분을 지닌 하나로 이루어진 세계에서 가장 큰 바위다. '울루루'는 원주민 언어로 '그늘이 지닌 장소'라는 뜻이다. 초대 호주 수상 헨리 에어즈(Henry Ayers) 이름을 따서 '에어즈 록(Ayers Rock)'으로 했다가 지금은 '울루루'라 부른다.

원주민들은 그들의 땅을 되찾기 위해 갖은 노력을 하였다. 화가들은 그들만의 독특한 그림으로 알렸고, 일반 원주민들은 거리로 나가 캠페인을 하고, 시가행진을 벌였다. 학자들은 학술대회나 세계적 규모의 행사에서 오래전부터 자신들의 영토임을 밝히는 연구를 발표하여 점점 세간의 입방아에 오르내렸다. 이후 호주 정부는 원주민 보호정책에 따라 원주민의 권리를 인정하고 토지소유권을 그들에게 돌려주었다. 울루루를 포함한 노던 테리토리(Northen Territory) 특별자치주의 토지를 호주 정부에서 임대하는 방식을 취한다.

울루루 탐험 프로그램은 개인적으로도 가능하나 단체로 하는 것이 여러모로 재미가 있고 도움이 될 것 같았다. 2박 3일 일정이 가장 짧고, 4박 5일, 일주일 이상의 프로그램 등 다양하게 선택할 수 있다. 텐트도 일반, 에어컨 시설, 호텔급 수준 등에 따라 가격도 제각각이다.

우리는 2박 3일 일정으로 신청하였다. 카타추타에서 1박, 울루루 부근에서 1박을 하였다. 호텔이 아닌 일반 텐트에서 잤는데 젊은 시절 스카우트 대원들을 데리고 야영한 추억이 떠올랐다. 하나의 텐트에 1인용 간이침대 2개가 있고, 야영장에는 전기와 수도 시설이 갖추어져 있다. 요리와 침구를 담당했던 보조가이드가 우리와 일정을 함께하면서 미리 준비해서 크게 불편한 점은 없었다. 야영을 한 적이 없는 사람에게 한 번쯤 권해도 좋은 프로그램이다.

핸드폰의 알람 소리가 들리자마자 눈을 떴다. 후다닥 준비하고 아침을 대충 먹었다. 깜깜한 하늘에 떠 있는 달빛을 받으며 숙소 입구에서 캠프 차를 기다렸다. 5시 50분까지 기다리라던 차는 6시 10분에서야 왔다.

씩씩한 호주 핸섬(Handsome) 가이드 이름은 잭슨(Jackson)이다. 그는 운전도 하고 가이드도 하였다. 조수석에는 2박 3일 캠프 동안 우리를 도왔던 요리사 겸 메이드인 헬렌이 함께 왔다. 이미 8명의 손님이 타고 있었고, 우리 다음에 뉴질랜드 할머니 3명을 태워 모두 14명이 되었다. 25인승 버스는 울루루로 출발하였다. 여명을 뚫고 달리는 차 안에서 본 일출은 몽골의 그것과 비슷하면서도 다른 느낌이었다.

앨리스 스프링에서 울루루까지 500km, 서울에서 부산까지의 거리보다 멀다.

잠을 자다 깨다 반복하니 어느새 1차 캠프에 도착하였다. 차에서 미리 내린 헬렌이 치킨 날개, 샐러드, 빵 등이 점심 메뉴였다. 바삭한 치킨과 새콤한 채소 샐러드는 허술한 배를 행복하게 채워 주었다.

식사 후에 다른 손님 등을 태우러 울루루 공항과 호텔 등을 오가며 사람들을 픽업했다. 모두 22명이 여행을 하였다. 서로 소개할 장소도 시간도 딱히 없었으나 귀동냥으로 들으니 대충 어느 나라 여행객이며 같이 온 이들의 관계가 어찌 되는지 짐작할 수 있었다.

처음 간 장소는 카타추타 국립공원이었다. 원주민의 말로 '수많은 머리'라는 뜻을 가진 카타추타는 36개의 붉은 암석과 작은 능선이 60개 이상 모여 있는 거대한 바위 군집이다. 가장 높은 바위 올가 산(Mount Olga)은 울루루보다 200m나 더 높으나 울루루에 밀려 주목받지 못한다. 멀리서 보나 가까이서 보나 둥근 실루엣이 카타추타의 매력이다. 살집 좋은 아낙의 엉덩이처럼 부드러운 굴곡을 따라 걸으면 거대한 두 개의 바위를 만난다. 두 바위 둘레를 다 돌아보려면 얼마나 걸릴지 알 수 없으나 우리 일행은 두 개의 바위 사이 '바람의 계곡'까지만 트레킹하였다.

닳고 닳은 이 바위도 얼마나 오랜 세월을 견뎌왔을까. 붉은색의 바위와 자갈, 황무지 등 지구가 아닌 다른 행성에 와 있는 듯한 착각에 빠진다. 이런 모습에 영감을 받은 미야자키 하야오 감독은 '바람계곡의 나우시카' 배경으로 이곳을 택하였다. 이런 이유 때문인지는 몰라도 앨리스 스프링에는 일본인들이 투자도 많이 하고 실제로 이주해서 많이 살고 있다고 한다. 그러고 보니 2박 3일 동안 퍼스나 애들레이드에서보다 일본인 관광객들을 더 많이 만났다.

캠프로 돌아와서 천막을 배치받았다. 화장실 부근이어서 기분이 살짝 나빴다. 게다가 돈 내고 신청해야 하는 수건도 신청하지 않았다고 주지 않았다. 다행히 천막 안에는 간이 침대와 침구가 갖추어졌고, 전기시설이 연결되어 전기요를 침대 매트 위에 깔고 잠깐 누우니 등이 따뜻해졌다.

다시 차를 타고 울루루 일몰을 보러 갔다. 울루루가 저만치 보이는 뷰가 멋진 곳에 내렸다. 잭슨이 테이블에 하얀 테이블보를 깔고 간식거리와 와인을 준비하여 미니 파티를 열었다. 와인 잔을 서로 부딪치며 인사를 나누었다.

나이에 따라 울루루 일몰을 영접하는 태도가 달랐다. 머리가 희끗한 부부들은 눈빛을 교환하거나 손을 꼭 잡으며 노을을 지그시 바라보았다. 바쁘고 열정적으로 살아온 자신들의 삶을 저무는 태양에 온몸을 맡기며 무위의 경지에 든 듯했다. 젊은 연인들은 껴안거나 어깨를 감싸 안으며 행복에 겨운 표정이었다. 친구끼리 온 젊은이들은 마치 일몰을 처음 보는 사람처럼 희열에 찬 감동을 주체하지 못하고 자동차 지붕 위로 올라가 소리를 지르기도 하였다. 우리 가족은 감탄사를 내뱉으며 울루루를 배경으로 인생 샷을 찍었다. 캠프에 참가한 수많은 사람의 행동이 하나의 플래시 몹 같았다.

모든 여행사가 비슷한 행사를 한다. 와인 잔을 멋지게 배열했는지, 어떤 간식인지의 차이만 있을 뿐이다. 여행사에 동행하지 않고 배낭여행을 온 사람이나 차를 빌려 연인끼리 온 사람들은 우리가 몹시 부러웠을 작은 이벤트였음에 틀림이 없으리라.

물든다. 온통 붉은빛이다. 흘러가는 구름도 잡고, 지나가는 바람도 잠재웠다. 서쪽 하늘을 물들이는 붉은 덩어리는 관세음보살의 아우라를 닮은 은은한 빛을 비춘 후 바위 너머로 아스라이 사라졌다. 적막감이 흐른다. 죽음을 떠올릴 수 있는 고요함으로 미동조차 없는 바위는 속을 비운 것이 아닐까. 마치 지휘자의 격렬한 손놀림으로 웅장한 오케스트라가 끝이 난 듯하였다.

바위는 시간의 흐름에 따라 거대한 프리즘이 되었다. 환한 누런빛, 불타는 새빨간 색, 산화한 철 색깔, 사멸하는 낙엽처럼 바뀌면서 어둠을 지배하였다. 노을에 젖은 울루루는 웅장하고 장엄한 한 편의 서사시였다. 신성한 공간처럼 몇만 년의 세월을 견뎌온 원숙한 기운이 느껴졌다. 거대한 바위에 압도당하지 않을 자 누가 있으랴.

영겁의 세월을 거친 바위는 그대로인데 시각에 따라 변하는 사람의 감성 수위는 모두 제각각이었다. 감동을 주기 위한 소품이나 조연은 필요하지 않았다. 비록 이방인으로 느끼는 감정이었지만 그들이 왜 그렇게 숭배하는 이유를 조금이나마 느낄 수 있었다. 요란하지 않으나 고요하고 숭엄한 그에게 동화되면서 빠져들었다.

사람들은 좋은 기를 받으려고 다양한 장소를 찾아간다. 미국 옐로우 스톤에서 기를 받았다는 사람, 끓어오르는 땅의 기운을 얻으러 아이슬란드로 가기도 한다. 명상과 요가로 마음과 영혼을 다스리기 위해 인도에서 다년간 살았던 사람을 만난 적도 있다. 이곳 울루루도 좋은 기가 흐르고 있다고 주문을 걸며 이번 여행이 무탈하기를 염원하였다.

다시 숙소로 돌아오니 먹음직한 스테이크와 감자샐러드, 양상추 샐러드가 기다리고 있었다. 캠프장에서는 자기가 먹은 접시와 컵은 각자 씻는 것이 규칙이었다. 호주는 물이 귀하기 때문에 비누칠만 하고 제대로 헹구지도 않고 다 했다고 꽂아 둔 사람이 많았다. 식기 세척기를 애용하는 다른 서양인들도 마찬가지였다. 우리는 다른 사람들이 헹구지 않고 엎어 둔 접시까지 새로 헹구기까지 했다.

사람은 각자 사는 환경으로 인해 지배 아닌 지배를 받고 산다. 몇천 미터가 되는 고원에 사는 티베트 사람들의 풍장, 아프리카 원주민들의 비위생적인 할례, 동남아나 남미의 가난한 가정에서는 일

어나는 조혼 등이 안타까운 풍습이다. 지금은 남녀 차별 금지법이 마련되었으나 우리나라도 조선시대에 여성들이 악습으로 억울하게 당한 사례가 많다. 여성이 억압받지 않는 나라에 태어나서 다행이고, 감사해야 할 일이다.

식사 전 캠프파이어에 필요한 나뭇가지를 각자 구해 왔다. 우리가 식사하는 동안 가이드가 불을 미리 지펴 두었다. 모닥불 주위로 둘러앉았다. 사회자가 나와 참가자를 일일이 소개하지 않고 가까이 앉은 사람끼리 소개를 하고 대화를 나누었다. 미국과 영국에 사는 여자 친구, 뉴질랜드에 사는 60대 아주머니 3명, 터키에서 영어 선생을 하는 자매 등과 인사를 했다. 불꽃처럼 우리의 얼굴도 붉게 익어 갔다.

활활 타오르던 불의 열기가 사그라지자 '댐퍼'라 불리는 원주민들이 해 먹던 밀가루 반죽을 소시지 모양을 만들어 모닥불에 구웠다. 별다른 양념을 하지 않고 소금으로 간만 했는데 익으면 빵 냄새를 풍기며 고소한 맛이 난다. 몇 년 전 문화연수단 학생들을 인솔했을 때 청소년 캠프에서 했던 경험을 살려 가이드 잭슨보다 더 먹음직스럽게 구워서 어깨가 으쓱해졌다.

하나둘 텐트 속으로 사라졌다. 우리도 텐트로 돌아와 가져간 전기담요를 깔고 침낭으로 들어갔다. 화장실과 샤워장이 우리 텐트와 가까워서 오가는 발자국과 물소리 때문에 쉬이 잠들지 못했다. 사막의 밤은 기온이 급격히 내려가서 추웠다. 전기요와 침낭이 없었으면 진짜로 얼어 죽을 수도 있겠구나. 웅크리면서 새우잠을 잤는데 추워서 깊은 잠에 빠지지 못하고 일어나니 새벽 5시를 막 지나고 있었다.

카타추타 국립공원(Kata Tjuta National Park)

https://parksaustralia.gov.au〉uluru

다윈(Darwin)에서 남쪽으로 1,940km, 앨리스 스프링에서 남서쪽으로 440km 정도 떨어진 곳에 위치한다. 유네스코 세계자연문화유산으로 등록되어 있다. 1872년 탐험가 어네스트 가일즈(Ernests Giles)에 의해 킹스 캐넌 한 부분을 탐험하였고, 가장 큰 돔에는 마운틴 올가, 퀸 올가 등의 이름을 붙였다.

· 주소: Lasseter Highway, Uluru NT

울루루(Uluru National Park)

https://parksaustralia.gov.au〉uluru

호주의 중앙에 있는 사암으로 이뤄진 엄청나게 큰 바위. 지상에 노출된 단일 바위 중 세계 최대 크기다. 둘레 9.4km, 높이 약 348m에 달하는데, 드러난 부분보다 훨씬 많은 부분이 땅 밑에 묻혀 있다. 1987년에 유네스코 세계유산으로 선정되었다. 1873년 탐험가 윌리엄 고세(William Gosse)에 의해 발견되어 초대 호주 수상 헨리 에어즈 이름을 따서 한동안 에어즈 록으로 불렸다가 지금은 울루루라 부른다.

· 주소: Mutitjulu NT(울루루 일몰 감상 지역)

지구의 중심, 울루루 탐험

8월 22일

　울루루의 일출을 보기 위해 6시경 출발하였다. 자동차 불빛에 의지해서 겨우 사물의 위치를 파악할 수 있는 시각이었다. 어둠을 헤치고 공원 입구를 지나 울루루를 조망하기 좋은 장소로 갔다. 어디서 그렇게 많은 사람이 묵었을까. 일출 제일 명당은 재빠른 여행사와 부지런한 관광객으로 인해 이미 만원이었다. 주차는커녕 사람조차 발 디딜 틈 없이 복잡한 그곳에서 벗어나 가이드가 이끈 다소 한적한 곳에 주차하고 숨죽여 기다렸다.
　우리 팀만 있어서 고요 속에서 일출을 맞이하였다. 암흑의 장막을 헤치고 솟아오르는 태양처럼 울루루도 서서히 모습을 드러내었다. 어제 석양에 나타난 울루루가 아니었다. 색깔도 크기도 다르게 보였다. 어제보다 가까운 곳이어서 더 크게 보였을까.
　일출 광경에 입이 쩍 벌어졌다. 주변이 밝아지면서 천하를 호령할 것 같은 장군처럼 갑자기 기세등등하게 나타났다. 소리 없이 드러난 모습과 장엄한 기운에 우리 모두 황홀경에 빠졌다. 밝음에서 어둡게 변하던 일몰과 달리 어두운 모습에서 밝은 모드로 변하였다. 검정에서 짙은 보랏빛, 누런색, 주황색으로 색을 달리하며 당당히 자신을 드러내었다.

온전히 드러난 그를 영접한 관광객들은 썰물처럼 빠져나갔다. 헤드라이트 불빛만이 캄캄한 어둠을 가르며 길을 만들었다. 공원 입구로 가는 길에 일정한 간격으로 서 있는 자동차의 행렬이 먼바다에서 고기를 잡는 어선 군단처럼 길게 띠를 만들었다. 땅으로 꺼졌을까 하늘로 솟아올랐을까. 한 줄로 길을 가던 차량은 순식간에 꼬리가 사라졌다.

울루루 둘레 트레킹을 하는 날이다. 아침을 먹고 일출을 본 장소 부근으로 다시 갔다. 먼지를 뒤집어쓴 채 주차된 대형버스나 렌트 차량은 따가운 햇빛을 온몸으로 받고 있었다. 지붕 없는 영업장에서 자전거나 전동 휠을 대여해 주며 울루루 관광을 권장하기도 하였다.

가이드는 얼마나 많이 이곳을 방문했을까. 몇 시에 어느 곳에서 만나자고 이야기하고는 어디론가 가 버렸다. 버스에서 내린 우리 일행은 시계 반대 방향으로 난 화살표를 따라 삼삼오오 걷기 시작하였다. 사람마다 걸음의 속도는 제각각 달랐다. 빨리 가든 늦게 가든 아무도 간섭하지 않았다. 우리는 미국 시카고에서 아들을 데리고 온 가족팀과 함께 걸었다. 꼬마는 10살, 이름이 데이비드다. 보이스카우트 활동을 했는지 부끄럼도 타지 않았고, 영어 실력이 부족한 남편을 배려하며 이야기를 나누며 씩씩하게 잘 걸었다.

호주 사막은 사하라 사막 같은 완전한 모래사막이 아니라 황무지다. 가끔 내리는 비로 인해 풀이라 불러도 좋을 식물이 생각 외로 많이 자라고 있었다. 풀숲 근처가 젖은 곳도 있고, 원천지가 어디인지 알 수 없으나 물이 흐르는 곳도 있었다. 습지를 지나자 언덕이 감싸고 있어서 모르고 지나칠 뻔했던 바위 아래에 작은 샘이 있었다. 물이 귀한 이곳이 원주민들의 조상들이 살았던 주거지였지 싶다. 샘 가까이에 비바람을 피할 수 있는 동굴을 만들었으리라. 샘은 햇빛이 잘 들지 않아 증발이 되지 않았을 테고 주변에 자라는 식물 덕에 낮과 밤의 기온 차로 이슬이 모이고, 가끔은 빗물이 고이고 또는 흘러내려서 순환되고 유지되는 듯하였다.

태고의 신비를 만날 수 있는 곳. 6만 년의 역사가 바위 곳곳에 녹아 있었다. 바위 겉으로 드러난 무늬는 참으로 다양했다. 마치 누군가 그림을 그린 듯한 수직적 무늬와 모래를 뿌린 듯한 추상적인 모습도 나타났다. 비바람으로 쪼개진 틈에 흙이 쌓여서 작은 식물들이 자라고 있었다. 흙이 조금이라도 있는 곳에 뿌리를 내리고 사는 식물의 생명력에 감탄할 뿐이었다.

바위 겉이나 동굴에는 상형문자를 새겨 두었다. 생물이 살기 힘든 사막 같은 이곳에서 보이는 것이 뭐 그리 많았을까. 해, 달, 별, 바위, 시내, 도마뱀, 사람, 화살표 등이 전부다. 많다 적다 정도로 양을 표시한 상형문자도 있었다. 원주민 가이드가 신화처럼 새겨진 문자를 짚어 가며 그들의 이야기를 들려주었다.

우리 일행은 울루루 둘레만 트레킹 했으나 일정이 더 긴 다른 팀들은 울루루 바위 위를 등정하고 있었다. 바위를 등정한 사람들은 몹쓸 병에 걸리거나 원인도 모르게 죽는다는 이야기, 작은 돌멩이 하나라도 가지고 간 사람들에게도 액운이 끼친다는 소문도 있어서 처음부터 등정할 생각조차 하지 않았다. 자신들이 믿는 수호신에 마음대로 올라가고 훼손한다면 누군들 속상하지 않을까. 그래서인지 호주 정부에서 2019년 말부터 울루루 등정을 금지하였다.

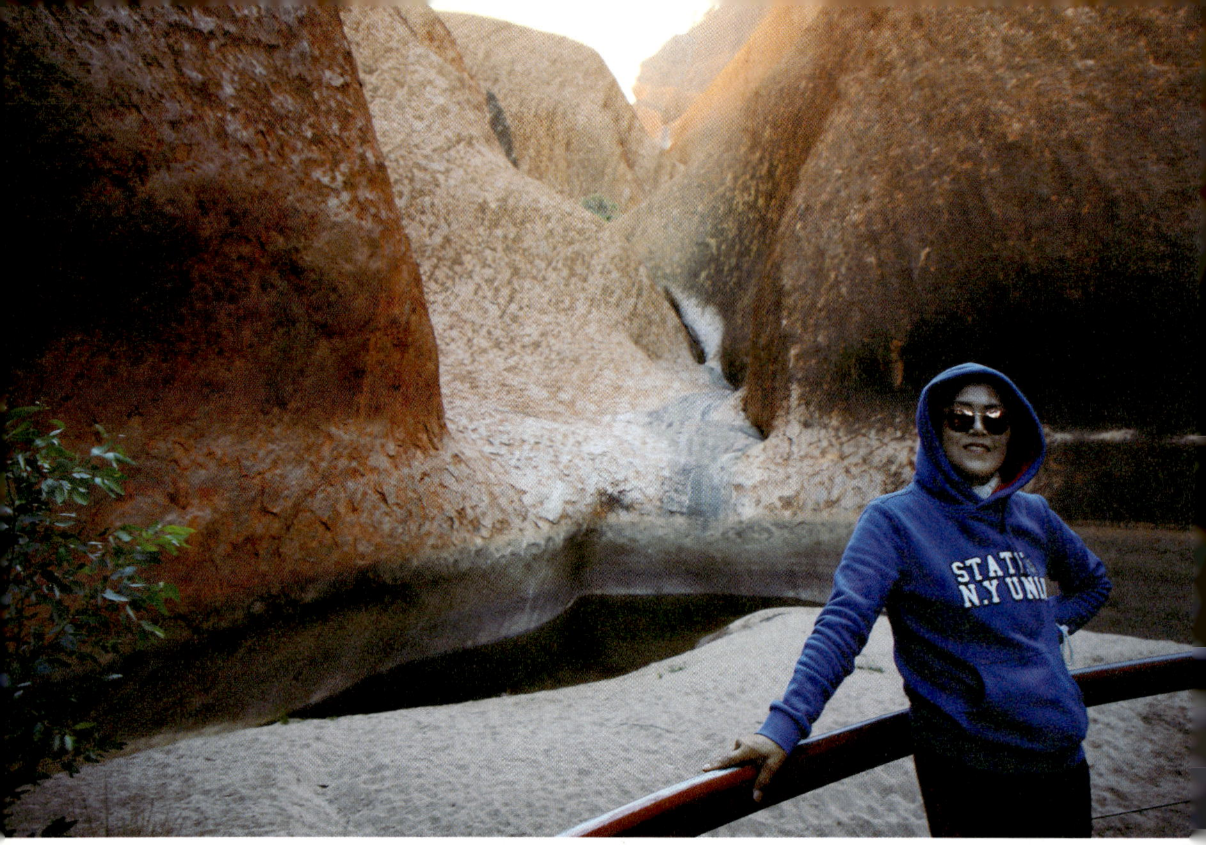

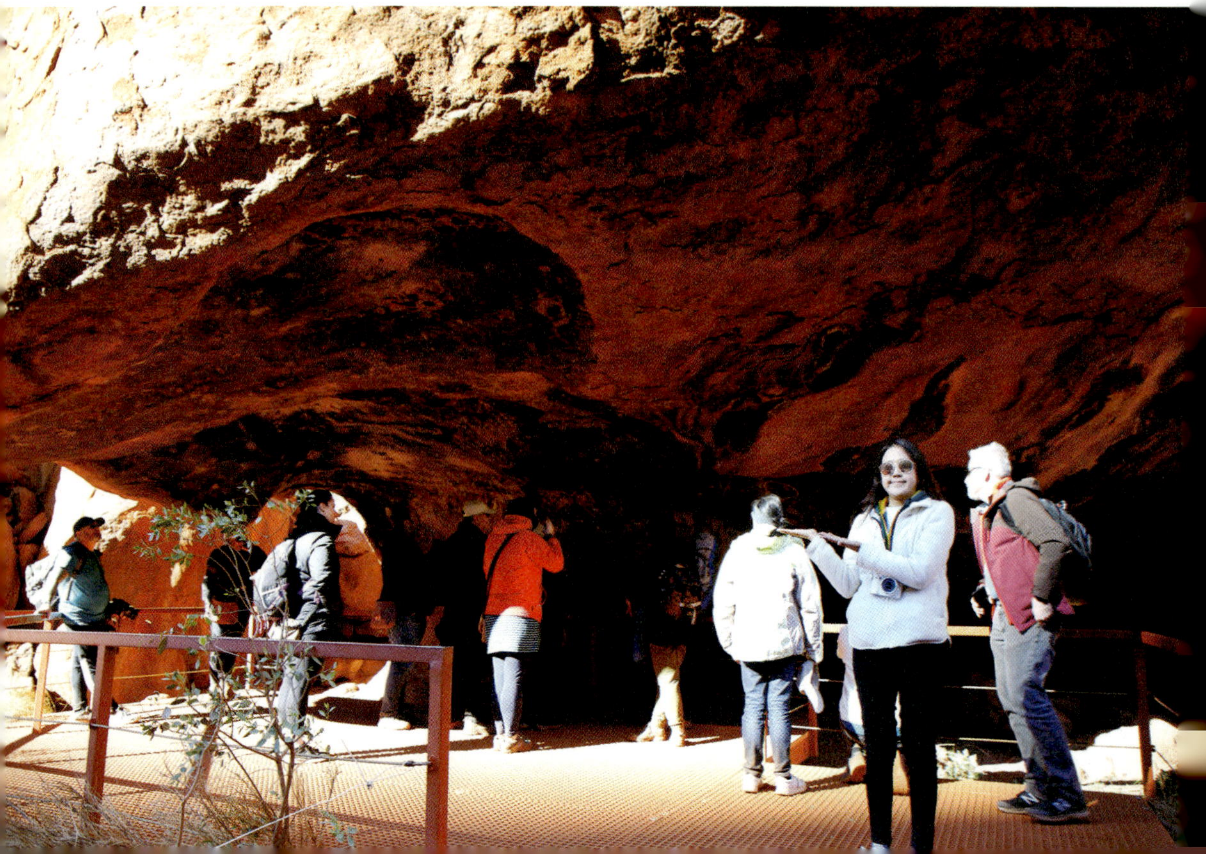

해발 867m, 둘레 9.4km를 따라 천천히 한 바퀴 걷고 나니 3시간 20분 정도 소요되었다. 우리나라 유명한 산처럼 오르락내리락 험하지도 않고, 집 주변에서 흔히 보는 동산도 아니다. 트레킹 코스는 걸음이 시원찮은 노인들도 쉽게 걸을 수 있는 평탄한 길이다. 흙길을 걷고 나니 흙 속 철분 때문에 양말과 신발이 온통 불그스름하게 물들어 녹슨 것처럼 빨아도 잘 지워지지 않았다.

모일 장소에서 일행을 기다렸다. 우리 팀원이 모이자 애버리지니 민속촌에 갔다. 오랜 역사를 지녔으나 유물이라고 할 수 있는 것은 딱히 없었고, 원시시대의 일상 모습만 꾸며 놓았다. 잃어버린 그들의 땅을 노던 테리토리 특별자치주로 되찾기까지 애쓴 노력의 영상물을 볼 수 있었다.

신대륙을 발견한 서양인들에 의해 쫓겨나거나 사라진 북미의 인디언, 남미의 인디오 원주민처럼 호주의 원주민들도 마찬가지였다. 윤택하지는 않으나 평화롭게 살던 땅을 점점 빼앗기고 교육이라는 명목으로 아이들과 부모들과 강제로 분리하면서 생이별을 시킨 부끄러운 역사를 호주는 인정한 셈이다. 원주민들은 항상 평화의 손을 먼저 내밀고 도와주었는데 결과는 침략을 당한 꼴이 되다니. 공존이라는 단어는 개척 시대에는 통하지 않는 어휘인 듯하다.

그림을 그리는 사람은 원주민이었다. 그들을 돕는 의미로 무엇을 사야 할까. 비슷비슷한 그림이지만 검은 천에 별을 나타내는 하얀 점, 꼬불꼬불 어디론가 기어가는 도마뱀, 시냇물이 어우러진 그림 하나를 150불, 작은 부메랑을 20불을 주고 샀다. 예전에 왔을 때는 큰 부메랑이 그 정도 가격이었는데. 호주에 올 때마다 물가가 오르고 있음을 실감한다.

다시 텐트로 돌아왔다. 프랑스에서 아르바이트생으로 여기까지 온 헬렌은 정식 요리사는 아닌데 음식 솜씨가 좋았다. 식사 때마다 매번 다른 음식을 요리하는 태도가 마음에 들었다. 오늘 점심 메뉴는 파스타와 스파게티였다. 가장 기본인 토마토소스를 얹은 스파게티였지만 꿀맛이었다.

  점심을 먹고 짐을 챙겨 텐트촌에서 완전히 철수하였다. 내일은 킹스 캐년 트레킹 하는 날이라서 그곳 가까이 있는 텐트촌까지 3시간 정도 차를 타고 이동하였다. 휴게소에서 잠깐 쉬면서 저녁때 구워서 먹으려고 마시멜로를 하나 샀다. 대도시보다 비싸서 아까운 생각이 들었지만 어떻게 구워지는지 기대를 하게 되니 저절로 기분이 좋아졌다.

  어제 화장실 옆이라 잠을 못 잤다고 아침에 푸념을 늘어놓은 덕분에 오늘은 좋은 위치의 텐트를 배정해 주었다. 타월과 여유분의 침낭도 무료로 챙겨 준 덕분에 어제보다 훨씬 따뜻하게 잘 수 있어 딸과 나의 입꼬리가 올라갔다. 게다가 저녁으로 아웃백 바비큐까지 먹다니. 기분 좋게 잠을 이룰 수 있었다.

킹스 캐년 트레킹

8월 23일

텐트 잠자리에 적응되었는지 어제보다는 잠을 푹 잤다. 해 뜨기 전은 가장 기온이 떨어진다더니 냉한 기운에 잠이 깨었다. 겨울 해님은 잠꾸러기. 찬 공기를 뚫고 여명이 우리에게 다가오자 희미하게 주변이 보였다. 식사 전에 딸과 함께 주변을 둘러보았다. 높은 바위들이 병풍처럼 둘러싸고 있어서 바람을 막고 있으니 캠핑장으로 안성맞춤이었다. 바위를 딛고 올라가니 평평한 바위 들판이었다. 온통 바위들이 즐비한 거친 들판에 유칼립투스만이 황톳빛 흙먼지를 맞으며 서 있었다. 비가 잘 내리지도 않은 척박한 이곳에서 원주민들은 어떻게 물을 구했을까. 지금은 말라

버린 가느다란 강줄기가 그들의 식수원이리라.

　줄을 맞춘 텐트들이 장난감 같았다. 늘어진 지붕은 긴 사다리꼴, 벽면은 가로로 긴 사각형, 텐트 출입구는 세로로 긴 사각형. 온통 사각형 집합체다. 지구도 둥글고 태양도 달도 둥근데 인간들이 만든 피조물들은 왜 이렇게 사각형이 많은지. 모난 각을 깎고 깎아서 둥글게 원(圓)을 만들라는 신의 숙제인 듯하다.

　오늘은 앨리스 스프링으로 돌아오는 날이다. 아침을 먹고 먼저 와타르카(Watarrka) 국립공원에 포함된 킹스 캐년(Kings Canyon) 트레킹을 하러 갔다. 킹스 캐년의 진입로는 사막답지 않게 유칼립투스와 야자수가 줄지어 우리를 반겨 주었다. 사막의 오아시스를 만난 것처럼 초록빛이 가득하였다. 킹스 캐년은 미국의 자이언트 캐년과 모습이 비슷하다. 아주 옛날에는 바다였던 이곳이 지각의 융기로 형성된 곳이다. 철분 성분이 많은 산화된 모래로 이루어진 협곡이나 지층이 온통 붉었다.

　트레킹은 길이에 따라 몇 가지로 나누어지는데 우리 일행은 킹스 캐년 림 워크(Kings Canyon Rim Walk)로 6.4km 거리를 걸었다. 3시간 이상 걸리기 때문에 잭슨이 물을 꼭 준비하라고 강조하였다.

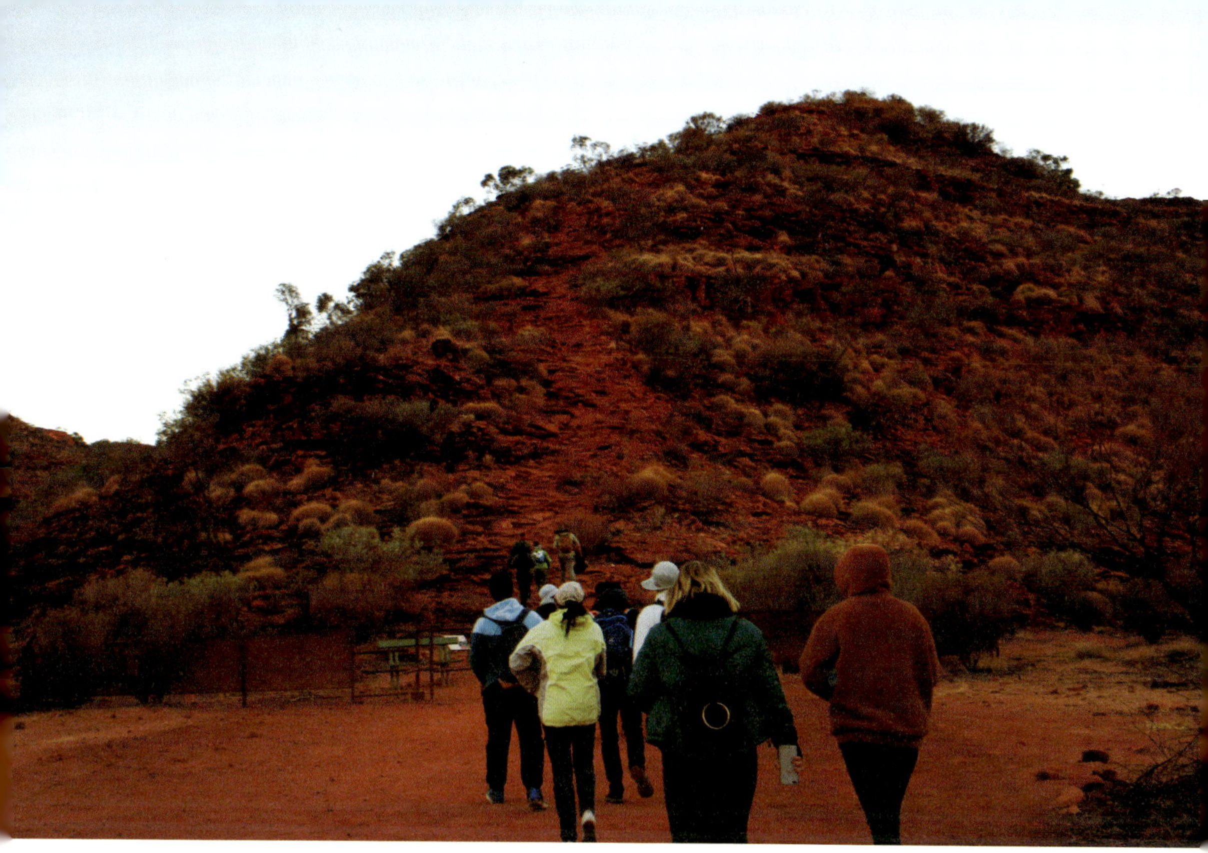

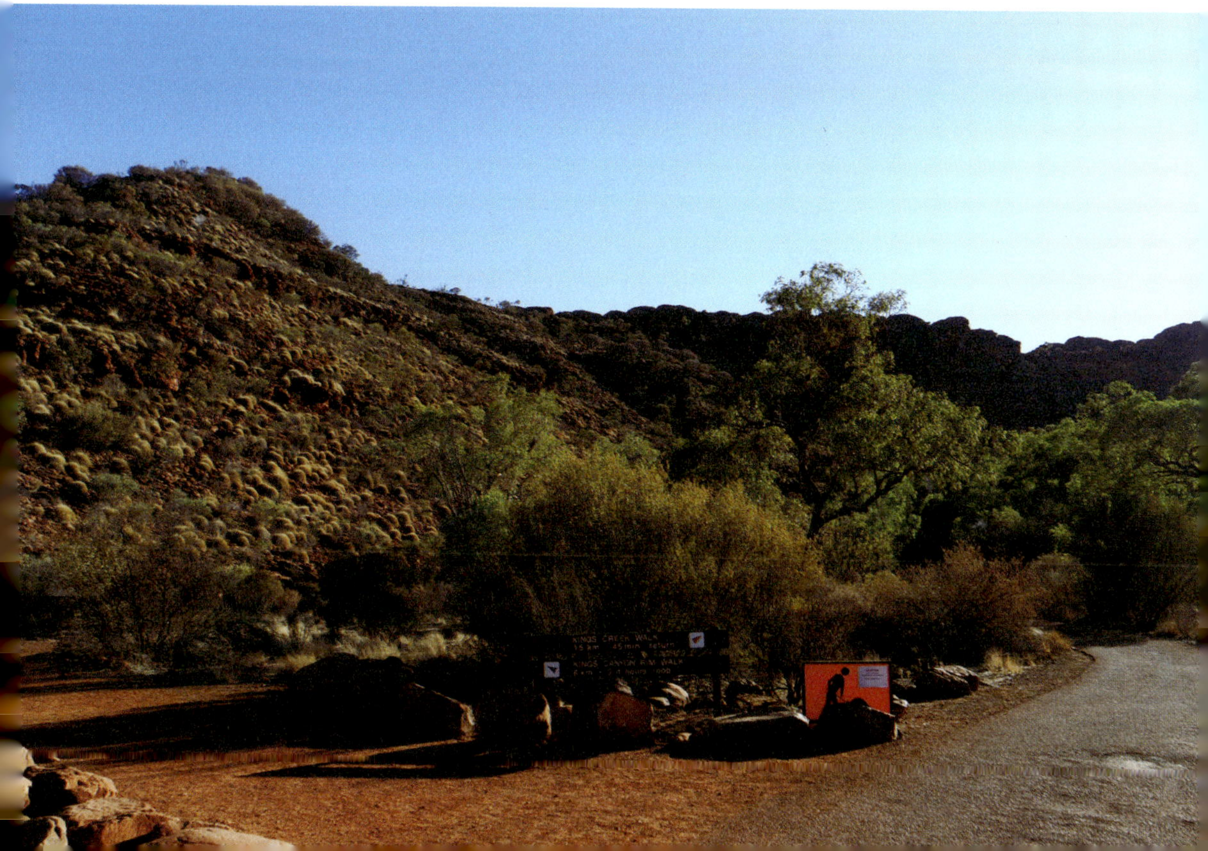
KINGS CREEK WALK
KINGS CANYON RIM WALK

옷과 비상약, 간식에다 500ml 물통 3개를 보탠 남편의 가방이 점점 무거워졌다. 처음 30분 정도는 가파른 언덕을 올랐다. 딸과 남편은 꼴찌로 헉헉거리며 올라왔다. 이보다 가파른 곳은 없지만 거리가 꽤 되고, 협곡이라 길이 험한 곳이 제법 있어서 딸과 무릎이 안 좋은 남편은 포기하고 나중에 합류하기로 하였다. 네덜란드에서 온 노부부도 남았다. 멋진 풍광이 펼쳐질 텐데….

작은 물통을 챙겨서 나는 가족과 헤어져 트레킹 무리에 끼었다.

따로 또 같이. 가족이라도 딸과 남편, 나의 여행 궁합이 맞지 않아서 함께 여행하면 내가 더 불편하다. 체력은 남편이 나보다 나은 편이지만 한 달 이상 여행을 할 때면 둘보다 내가 훨씬 생생해진다. 여행이 체질이라고 해야 하나. 여행은 나에겐 최고의 힐링법이다.

예전에 읽었던 글이 생각났다. 중산층의 70이 넘은 독일인 노부부가 배낭여행을 떠났다. 배낭여행답게 먹고 자는 것도 저렴한 식당을 다니고, 이동 수단이 허술했을 구간도 있었다. 허름한 숙소라고, 음식이 형편없다고 여행 내내 툴툴거리는 남편을 보면서 할머니는 저런 사람과 어떻게 40년 넘게 결혼생활을 유지했는지 모르겠다면서 여행이 끝나고 돌아가면 이혼을 할 것 같다고 하였다. 결혼 전에 가장 저예산 여행을 함께 떠나라고 미혼자들에게 권했던 내용이다.

몇 년 전부터 결혼 전에 동거하는 젊은이들이 늘고 있다. 도덕적 개념으로 보면 옳지 않으나 결혼 후 함께 살아갈 날을 생각하면 어쩌면 바람직하지 않을까. '열 길 물속은 알아도 한 길 사람 속은 모르는 법이다.' 결혼 후 좋지 않은 습관이나 행동이 드러나서 사니 못 사니 하는 것보다 법적으로 부부가 되기 전에 관계를 끝내고, 서로 자유로울 수 있으니 합리적이지 싶다. 37년째 함께 사는 내 남편에 대해서 아직도 이해하지 못하는 부분이 수두룩하다.

수억 년의 풍화로 만들어진 사암 절벽은 잘 구워진 페이스트리를 닮았다. 한 겹 한 겹 벗기면 아래쪽 결이 드러난 지층이 보일 것만 같았다. 인공으로 만든 철계단을 걷고, 협곡을 내려갔다가 다시 위로 올라오면 돔형 모습을 한 돌기둥을 만나게 된다. 빈대떡을 구워 인위적으로 층층이 쌓은 듯한 모습이 마냥 신기했다. 바다였던 피나클스의 돌기둥처럼 풍화작용으로 깎여져서 자연스럽게 만들어진 것과 같은 이치이다.

가이드는 가는 도중에 짬짬이 자신이 알고 있는 내용을 설명해주었는데 중요한 내용이 아니라 귀담아듣지 않고 대충 들었다. 길 안내 표지판이 잘 되어 있어서 길 잃을 염려는 없겠다. 돌이 많은 협곡 샛길은 나무 데크로 연결되어 있었다. 안전을 아주 중요하게 여겨 사람들을 편안하게 해주려는 배려와 자연을 보호하여 대대손손 물려주려는 의도일 것이다.

놀라웠다. 바위 계곡에 연못이 있다니. 좁은 계단을 내려가니 에덴의 정원(Garden of Eden)이라 부르는 제법 큰 물웅덩이가 있었다. 계곡으로 둘러싸여 그늘진 연못 주변에는 풀과 여러 종류의 나무가 자라고 있었다. 물은 어디서 왔는지 알 수 없었지만 시원하였다. 원주민에게는 충분하게 물을 공급하지 않았을까. 킹스 캐년의 일부분만 걸었을 뿐인데…. 가 보지 못한 다른 장소들은 얼마나 놀랍고 신비로울 지 궁금증이 더해졌.

이름처럼 광활한 지층으로 이루어진 바위 절벽과 협곡, 도저히 생명이 자라지 않을 환경인 듯한데 끈질긴 생명력으로 후손을 남기고 있는 이름 모를 꽃과 풀, 그리고 나무들. 사람의 목숨만 소중한 게 아니었다. 생명이라면 모든 것이 나름대로 값어치 있음을 트레킹을 하며 깨달은 시간이었다.

캠프로 돌아와서 점심으로 타코를 먹었다. 디저트로 준 사과를 몇 개 집어서 가방에 넣었다. 앨리스 스프링까지 4~5시간 정도 소요된다. 우리나라의 고속도로 휴게소 구실을 하는 로드하우스에 두 번을 들렀다. 간단하게 먹을 것도 팔고, 기념품을 파는 곳인데 두 번째 간 곳에는 동물을 키우고 있었다.

말과 낙타를 키우며 낙타 타기 체험으로 수입도 창출하는 곳이었다. 호주를 몇 번

V ……… 울루루 캠프 Uluru Camp

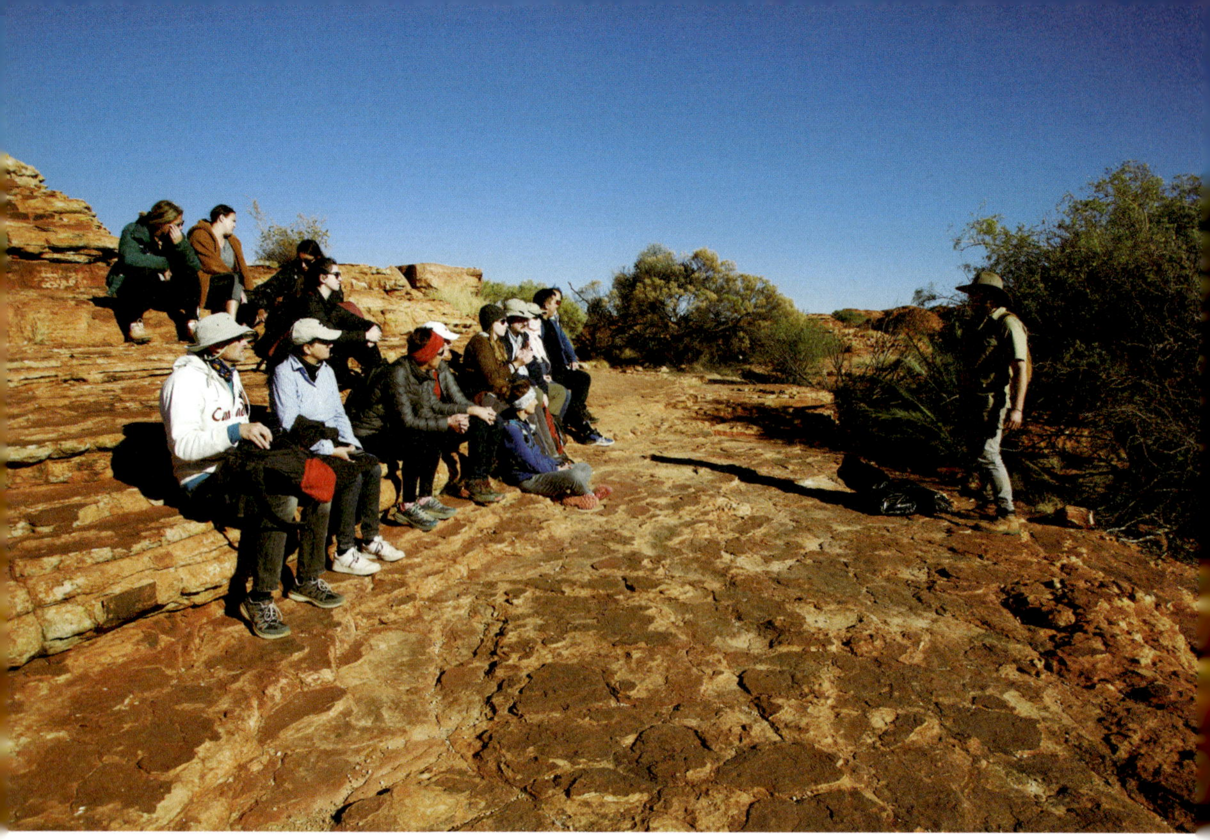

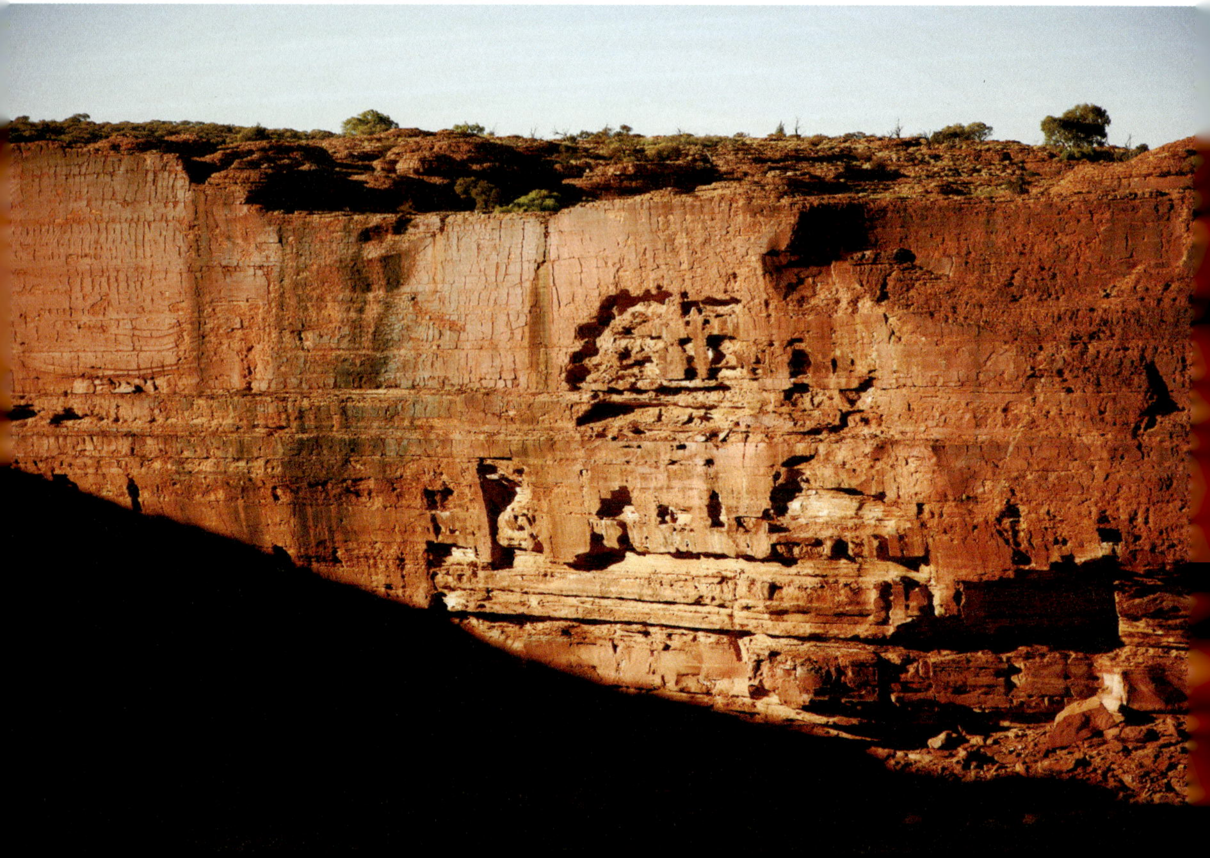

다녀간 경험이 있는 우리 가족은 이미 낙타를 탄 경험이 있어서 구경만 하였다. 에뮤도 캥거루도 넓은 농장을 마음대로 다니고 있었다. 천연 잔디에서 마음껏 뛰어놀 수 있는 저들도 복 많은 동물이다. 광활한 대륙을 우리나라에 조금이라도 떼서 한반도 어딘가에 붙일 수 있으면 좋으련만.

정보에 의하면 더욱 척박한 곳으로 가면 비포장도로의 아웃백은 울퉁불퉁, 흙먼지투성이라고 한다. 다행스럽게도 울루루가 워낙 유명한 관광지라서 포장이 잘된 도로를 달려왔다. 울루루 여행에 앞서 7월에 다녀온 몽골과 비교해 보니 천지 차이였다. 여행을 거듭할수록 나라가 잘살면 국민도 엄청난 혜택을 받는다는 사실을 점점 실감한다.

차에 탑승한 반대 순서로 캠프에 참가한 사람들이 하나둘 내리고, 우리도 앨리스 스프링 숙소 앞에 내렸다. 맡겨 두었던 짐을 찾아 배정받은 곳은 우리가 머문 방이 아닌 다른 방이었다. 역시 침구는 깨끗했고 방도 잘 정돈되어 있었다. 물이 귀한데 침대 시트, 타월, 담요 등을 어떻게 세탁할까? 괜한 기우였다.

관광 수입이 엄청난 나라답게 리조트 관련 산업은 잘 돌아간다. 호텔 주인은 백인이지만 일하는 종사자들은 동남아나 남미의 이주민들이다. 오래전에 궁지로 내몰려도 교육을 받고 삶의 의욕이 강한 원주민들은 일자리를 얻어서 경제적으로 보장된 삶을 누린다. 반면 교육을 제대로 받지 못한 원주민들은 정부에서 주는 보조금에 연명하거나 알코올 중독자가 대다수이다. 이주민들 역시 언어도 다르고 문화가 낯선 이곳에서 경제적 지위를 얻기가 힘들어 보였다.

지구인 모두가 유목인, 방랑자인데 어디에 산들 어떨까. 사람들은 자신이 태어나고 자란 땅을 떠나기를 두려워하고 좋아하지 않는다. 농경시대에는 대가족이 함께 농사를 짓느라 집성촌을 이루며 사는 것을 당연시 여겼다. 산업혁명 이후 금광을 찾아, 좋은 직장을 찾아 도시로 이주하는 사람들이 증가하여 대도시는 인구 폭발 지경에 이르렀다. 농촌이나 어촌의 마을은 공동화현상이 가속되고 있다. 한 국가 내에서의 이주만이 아니라 자기가 살던 조국을 떠나 다른 나라로의 이민도 증가하는 추세다. 떠날 수밖에 없었던 이유야 여러 가지겠지만 고향으로 되돌아오는 경우는 드물다.

다행히 나라 안에서의 이주는 언어라는 공통분모로 고생을 덜 하지만 타국으로의 이민은 정신적 물질적 문화적으로 커다란 충격이다. 호주 원주민들은 같은 나라 안이지만 언어가 다르고 삶의 철학이 달라서 재빨리 현대사회로 흡입되지 못하였다. 본래 살던 곳에서 쫓겨나고 황무지가 그들의 차지가 되었다.

알코올에 의지해 사는 사람도 있지만 그들의 문화를 지키고 자연을 숭상하며 사막의 생태계를 지켜 나가는 이들이 대부분이다. 호주의 많은 지역의 이름이나 사물들이 그들의 언어에서 따왔다. 백인들보다 교육을 덜 받고 경제적으로는 능가할 수 없으나 땅에서 자라는 많은 것을 알고, 식물의 자람을 지켜보았고, 동물의 습성을 세세히 알고 있는 그들이다. 욕심내지 않고 자연과 동화하며 평화롭게 살기를 원하는 그들의 소망이 항상 이루어지길 비손한다.

딸의 글 울루루 탐험 프로그램에 참여하기를 잘한 것 같다. 초등학교 때 걸스카우트를 하면서 캠프 활동을 다녔지만 숙소는 유스호스텔이나 리조트였기 때문에 불편하다고 느낀 적은 없었다. 텐트 숙소는 처음이었다. 우리가 여행한 8월은 호주의 한겨울이라서 낮에는 봄 날씨였지만 밤에는 온도가 많이 떨어져서 추웠다. 가져간 전기 매트를 사용했으나 새벽엔 진짜 추워서 저절로 눈이 떠졌다.

엄숙하게 느껴진 울루루의 일몰도 장관이었지만 일출 모습은 영원히 잊을 수 없을 것 같다. 국내여행이나 해외여행을 하면서 노을이 지는 모습은 많이 보았다. 새벽잠이 많아서 일출을 본 것은 몇 번 되지 않는다. 특히 거대한 바위 위로 떠오르는 태양의 빛 내림은 처음이었다.

3일 동안 새벽에 일어나느라 잠이 부족했는지 마지막 킹스캐년 트레킹을 했던 날은 컨디션이 좋지 않았다. 나보다 어린아이도 따라갔는데 무릎이 좋지 않았던 아빠와 나는 처음 산등성이만 올라갔다가 내려와서 주변에서 걷고 쉬었다. 다행히 우리처럼 가볍게 트레킹 하는 사람들이 있어서 심심하지 않았다.

 킹스캐년 림 워크 6.4km 트레킹을 완주한 엄마가 찍어온 사진을 보고 이야기를 들으니 나도 완주했으면 좋았을 텐데 가지 못해서 안타까웠다. 웅장한 협곡과 페이스트리를 닮은 바위를 진짜로 보았다면 어땠을까? 바위와 등산로뿐이라 생각했는데 샘도 있다니 그저 놀랍고 신기했다. 드론으로 찍었으면 가지 못한 곳도 세세히 볼 수 있었을 텐데 진짜 후회가 되었다.

 우리 엄마는 진짜 대단하다. 긴 여행에도 지치지 않고 처음 보는 사람과도 이야기도 잘하고, 사교성이 좋은 점을 본받고 싶다. 긍정적이고 열린 마음으로 나보다 더 생생하게 즐긴다. 나도 더 활발한 성격으로 변해야겠다. 체력을 키워서 다음에는 어디든지 빠지지 않고 함께 가고 싶다는 생각이 들었다.

킹스 캐년(Kings Canyon)
https://www.australia.com/ko-kr/places/alice-springs-and-surrounds/guide-to-kings-canyon.html
앨리스 스프링에서 450km 떨어진 거리에 있는 킹스 캐년은 100m 이상의 높이에 위치하며, 71,000ha에 이르는 와타르카 국립공원에 속해 있다. 루리차(Luritja) 원주민이 2만 년 이상 살고 있으며, 600종 이상의 토종 식물이 있다. 아래쪽에는 개울이 있으며, 협곡 일부는 신성한 원주민 유적지이다.
· 주소: Kings Canyon Access Carpark, Petermann, NT

Australia
by Servas

START
앨리스스프링 ➡ 멜버른(트랜짓한 곳) ➡ 캔버라

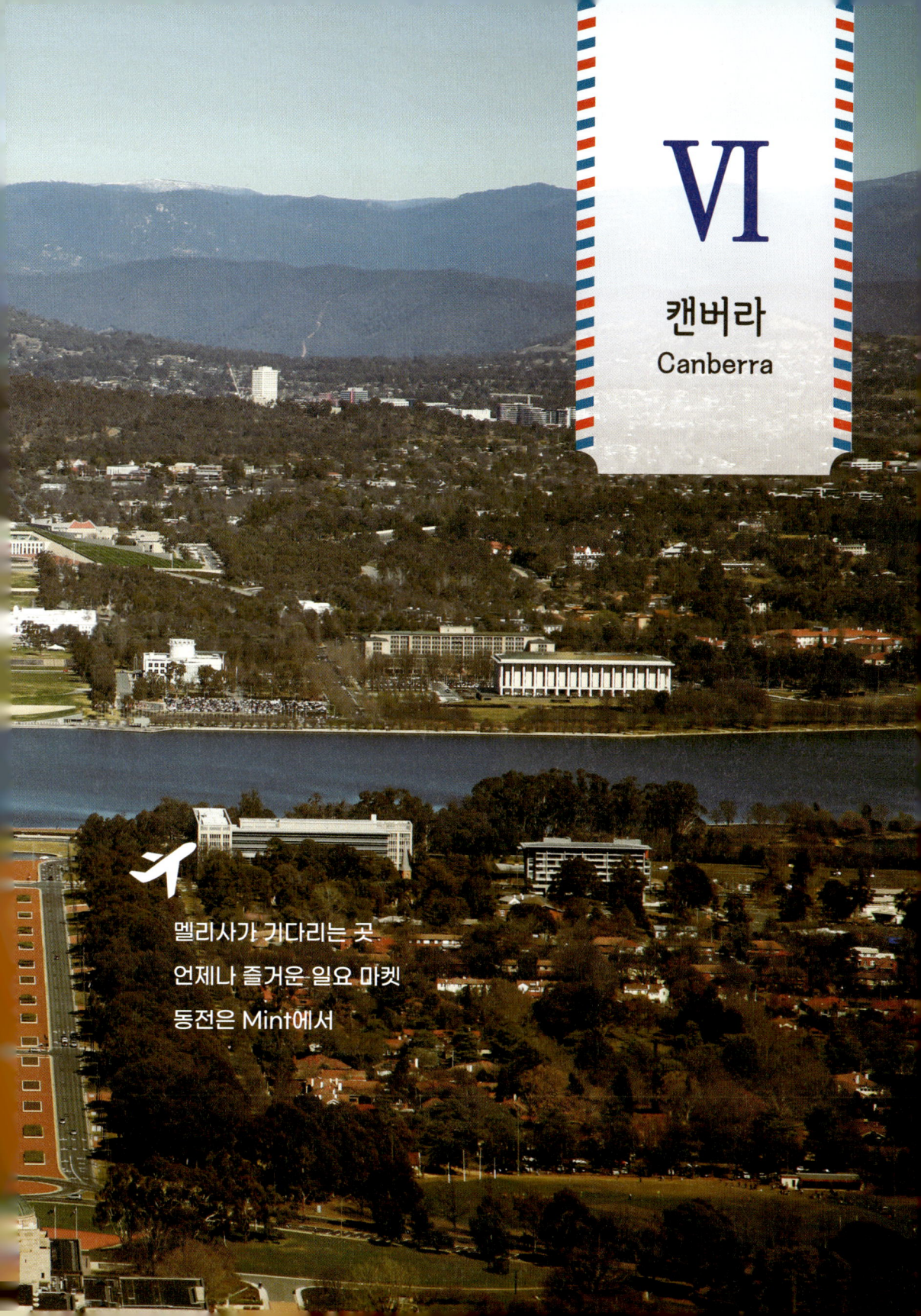

VI
캔버라
Canberra

멜리사가 기다리는 곳
언제나 즐거운 일요 마켓
동전은 Mint에서

멜리사가 기다리는 곳

8월 24일

    오늘 목적지는 캔버라다. 앨리스 스프링에서는 직항이 없고 멜버른을 경유하는데 몇 시간 기다렸다가 갈아타야 한다. 12시 35분 출발 비행기라 배가 고플 것 같아 비싼 샌드위치를 사 먹었다. 저가 항공인데도 점심으로 꼬마 버거 또는 치킨 파이를 주었다.
    앨리스 스프링에서 멜버른까지 3시간 소요, 한참 기다렸다가 비행기를 갈아타기 위해 공항 밖으로 빠져나오지 못하고 공항 라운지에서 기다리는 것도 고역이었다. 한정된 공간에서 뾰족하게 할 수 있는 일이 뭐가 있을까. 창밖에 있는 비행기와 사람을 보았다. 자주 보는 비행기였으나 왜 그렇게 신기하게 보였는지. 여러 나라 국적이 적힌 비행기, 쇠로 만들어진 무거운 몸체로 하늘을 날 수 있다니…. 비행기를 발명한 라이트 형제가 새삼 고맙게 느껴졌다.
    태산 같은 동체를 운전하는 파일럿을 비롯하여 수신호로 비행기 이착륙을 이끄는 사람, 비행기가 도착하자마자 짐을 내리고 실어나르는 역할, 비행장 내 버스를 운행하는 직원 등. 공항이 하나의 사회와 같은 기능을 한다더니 온갖 직업이 공항 속에 다 들어있는 듯했다.

캔버라 공항에 내리니 오늘 호스트 멜리사가 나를 먼저 알아보고 반갑게 맞이해 주었다. 쉬는 날, 귀찮을 텐데 공항으로 픽업하러 온 게 참 고마웠다. 호주로 오기 전에 서바스 회원임을 증명하는 LOI에서 나와 우리 가족사진을 보았을 것이다. 커다란 여행 가방 세 개, 지친 몰골로 비행기에서 내려선 동양인이 그리 많지 않았으니 우리를 알아보고도 남았겠다.

멜리사는 초등학교에서 행정직원으로 일하고, 남편은 시청 건축 공무원이다. 큰딸 하나(Hannah)는 독립하여 캔버라 근처에서 말 조련사로 일하고, 둘째 딸 보니(Bonney)는 런던에 살고, 막내아들 헨리(Henry)는 멜버른에서 공부 중이라서 큰딸만 만날 수 있었다. 인도에서 온 회계사 공부를 하는 리티카(Ritika)는 방 하나를 렌트하고 있었는데 3년째 함께 살고 있다니 양쪽 다 성격이 무난한 사람들인가 보다.

호주 대부분 가정에서는 자녀들이 고등학교만 졸업하면 독립해서 자신의 삶을 스스로 책임지고 산다. 어릴 때부터 다져진 결과이다. 부모가 모든 것을 챙겨 주는 우리와 달리 설거지 돕기, 아빠 구두 닦기, 잔디 깎기, 강아지나 동생 돌보기 등을 해야 용돈을 받는다. 돈 버는 일이 힘들다는 것을 어릴 때부터 깨쳐서인지 몰라도 함부로 돈을 쓰거나 명품을 사는 일은 흔하지 않다.

집에 오자마자 멜리사가 집 구경을 시켜 주었다. 외관이 깔끔하게 지어진 이층집이다. 앞뜰 잔디밭을 지나면 왼쪽에 차고가 있고 현관이 있다. 밖에서 보는 것보다 안은 훨씬 편리하고 실용적으로 되어 있었다. 현관 오른쪽 방에는 책장에 책이 꽂혀 있고, 책장과 침대 주변에 인형이 놓인 것으로 보아 딸 중 한 명이 사용하던 방인데 우리 딸이 머물렀다. 딸 방과 마주한 방에는 언젠가는 쓰일 물건들과 몇 달 전에 돌아가신 친정어머니의 유품들이 가득했다. 사이가 얼마나 좋았던 것일까? 뜨개질하던 실타래까지 버리지 못하고 소쿠리에 보관되어 있었다. 나는 친정엄마가 돌아가시고 아버지가 엄마를 많이 그리워하실까 걱정되어 한 달 정도 지나고 쓰던 물건을 다 없앴는데 그렇게 한 일이 잘한 것인지 지금도 알지 못한다.

딸이 쓰는 방과 벽을 사이에 두고 이어진 곳이 부엌이다. 벽 쪽에 조리 가능한 가스레인지가 있고, 위쪽에는 수납공간이 몇 군데 있었다. 사이를 두고 반대편 거실 쪽으로 개수대가 설치된 아일랜드 식탁이 설치되어 있다. 그 너머에는 8인용의 튼튼한 나무 식탁이 놓인 다이닝룸 겸 거실이 차지한다. 거실에서 밖으로 나가면 뒤뜰인데 각종 채소를 기르고, 몇 마리의 닭도 키우고 있었다. 거실 벽 쪽엔 벽난로가 있고 옆으로는 정원이 보이는 창이 있다. 거실 바로 뒤에 공용 화장실이 배치되어 있다. 거실 왼쪽에는 리티카가 쓰고, 우리 부부는 가장 안쪽에 더블 침대가 놓인 제법 큰 방을 사용하였다. 2층엔 화장실이 딸린 부부방이 있다.

현관을 들어서니 맛있는 냄새가 솔솔 풍겼다. 멜리사가 우리를 데려오는 동안 남편 말콤(Malcom)이 저녁 준비를 하였다. 우리가 그렇게 먹고 싶던 양고기 요리와 샐러드, 빵으로 저녁을 먹었다. 환영으로 와인 잔을 쨍! 부딪히며 분위기를 한껏 높였다. 식당에서는 전혀 먹은 적이 없는 석류를 넣은 직접 만든 소스 덕분에 누린

내가 나지 않아 맛있게 먹었다. 한국, 중국, 몽골 등에서도 양고기를 제법 먹었는데 여태껏 먹었던 양고기 요리 중 최고였다.

남편이 요리를 잘하니 싸울 일도 줄어들 것이다. 이런 점에서 나는 선진국 사위를 맞이하고 싶다. 요즘 한국의 젊은 맞벌이 부부도 남녀 가리지 않고 요리를 하기도 하지만 여자들이 주로 하게 되니 '같이 돈 버는데 왜 나만 집안일을 해야 해?'라는 다툼의 씨앗이 싹튼다. 나랑 함께 사는 사람은 아직도 제대로 요리를 할 줄 아는 것이 없다.

식사 후 난초를 그린 족자와 누비 지갑은 멜리사에게, 한국 전통 문양의 북(book) 마크와 광안대교가 배경이 된 양초를 말콤에게 선물하였다. 멜리사는 족자를 처음 보는지 내가 직접 그렸다니까 놀란 토끼처럼 두 눈을 동그랗게 뜨며 기쁜 내색을 표하였다. 말수가 적은 말콤도 생각지도 못한 선물을 반기는 기색이었다. 비싼 선물은 아니었으나 호스트가 기뻐하니 우리도 미소를 지었다.

술을 잘 못 마시는 남편은 한 잔에도 벽난로의 자글거리는 불빛처럼 벌겋게 달아올랐다. 와인 두 잔을 마신 나는 기분이 딱 좋았다. 두꺼운 이불과 패치카에 남아 있던 온도로 실내공기가 수면에 적당하였는지 단꿈을 꾸며 푹 잤다.

언제나 즐거운 일요 마켓

8월 25일

    한국에서도 일요일은 침대에서 뒹굴다 늦게 일어난다. 오늘은 일요일, 늦은 아침을 먹었다. 멜리사가 우리 가족을 위해 운전을 해준 날이다.
    가장 먼저 간 곳은 캔버라 전망대였다. 부산항을 비롯하여 영도, 감천, 남포동을 낀 시내가 다 보이는 용두산공원 정도의 높이인데 부산과 달리 언덕을 둘러싸고 있는 아래는 온통 숲이다. 토끼 가족이 보였다. 흰색, 회색뿐만 아니라 흰색과 회색이 섞인 거무튀튀한 얼룩무늬, 발가락만 까만색 등 몇 가족이 엉켜 사는지 짐작조차 어려웠다. 사람들이 쳐다보든지 말든지 굴을 파느라 정신이 없었다. 커다란 눈으로 사방을 둘러보더니 깡충거리며 여기저기 돌아다니며 장난치는 새끼들은 정말 귀여웠다. 동물원이 아닌데 누가 저곳에다 토끼를 풀어두었는지 궁금했으나 먹을거리는 많아서 안심이 되었다.

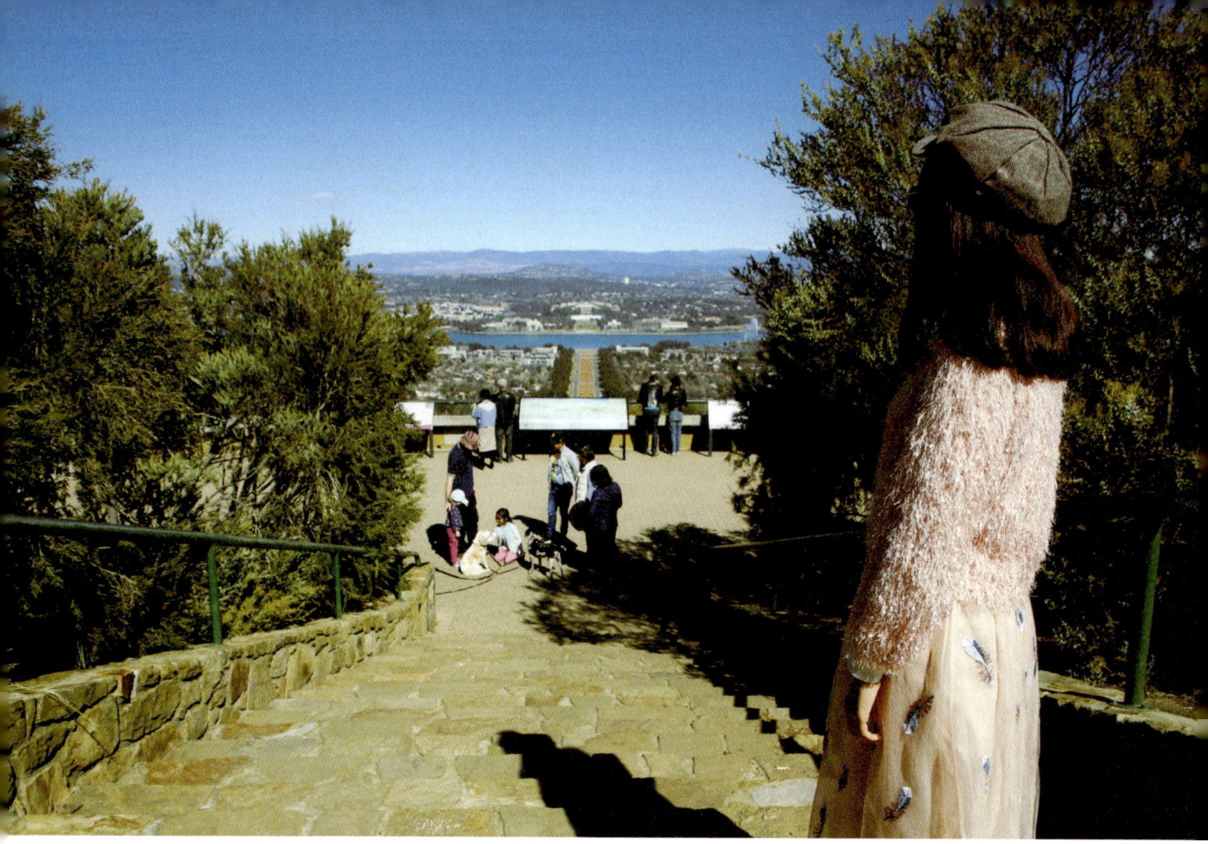
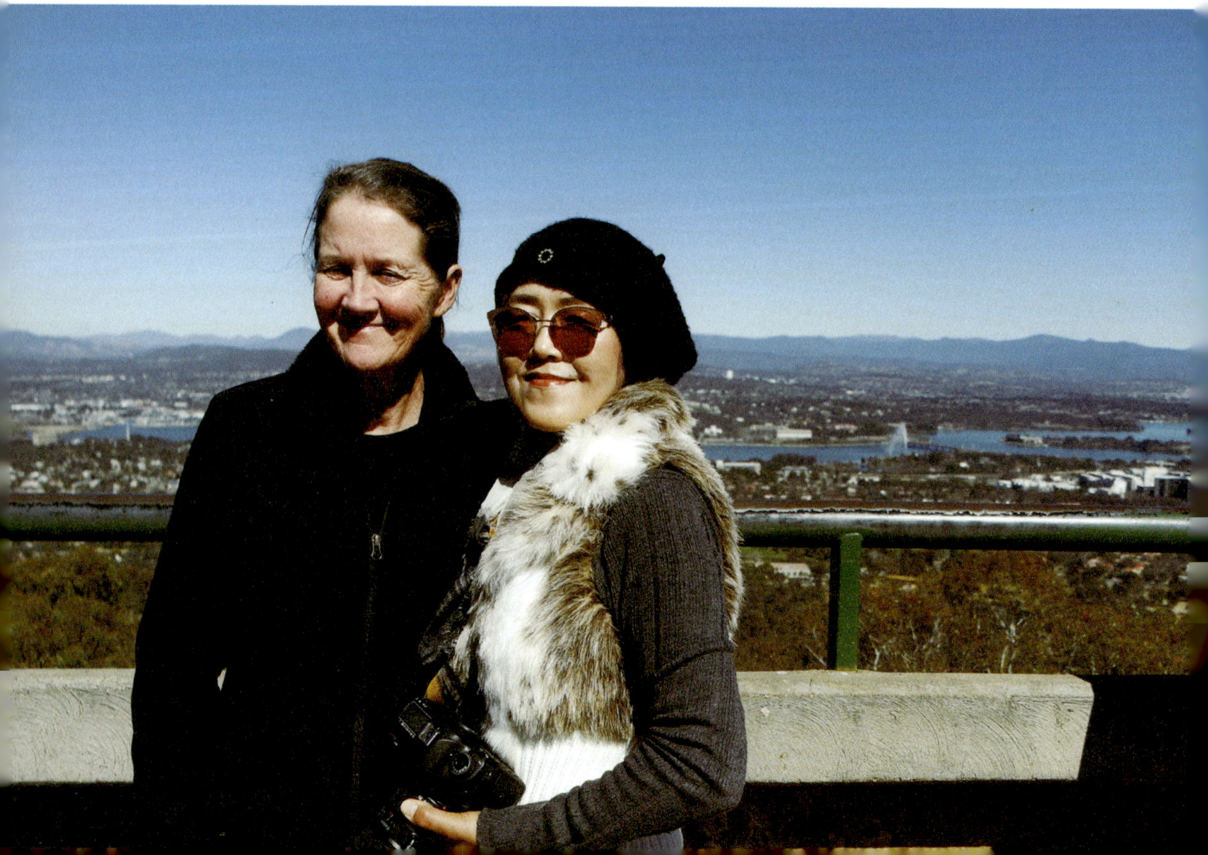

    호주는 대도시나 소도시를 막론하고 토요시장 또는 일요시장이 열린다. 직접 지은 농산물이나 손수 만든 수제품을 가져와서 팔고, 필요한 물건과 물물교환 전통을 계속해서 이어 오고 있었다. 이곳 역시 오래전에는 공공버스 차고지였는데 일요시장으로 바뀌었다. 시장으로 여겨지지 않을 정도로 사진과 그림 등이 많이 보였는데 '어린이와 여성, 가족을 위한 문화공간'답게 매주 주제를 정해서 시장에서 전시하거나 파는 물품 내용도 조금씩 다르다는 것을 알 수 있었다.

애들레이드보다 규모도 훨씬 크고, 제품의 질도 우수하며, 중고품이 아닌 대부분 새 것이었다. 과일이나 채소, 와인, 꿀 등 농산물뿐만 아니라 어디서 가져왔는지 수산물도 팔았다. 치킨, 도넛, 치즈, 꿀 등 먹거리도 팔았다. 그림, 목공예제품, 뜨개질 제품 등도 눈을 끌기에 충분하였다. 배경 문화가 다양한 사람들을 구경하며 '저 사람은 인도계, 저 부부는 그릭(Greek) 출신, 키 큰 금발 아주머니는 동유럽 어느 나라…' 등 혼자 잡동사니 지식을 동원해서 예상하는 것도 시장에서 볼 수 있는 재미 중 하나였다.

다른 도시와 달리 근처에 상설 시장이 있는 것이 이곳의 장점이다. 작은 채소 가게에서 오렌지 한 망과 핸드볼 공 크기의 가지 하나를 샀다. 금강산도 식후경, 멜리사는 일본식 타코, 우리는 말레이 볶음밥과 카레, 딸은 누들을 시켜서 나누어 먹었다. 멜리사도 우리를 따라 자기가 시킨 음식을 우리에게 먹으라 하고 우리 음식도 맛보았다. 가족이 아닌 누군가와 나누어 먹는 것이 외국인에겐 참 어색할 텐데 스스럼없이 따라 했다. 이 또한 다양한 문화의 장벽을 넘는 서비스 정신의 하나가 아닐까?

점심 후 영화관 건물에 우리를 데려다주고 멜리사는 볼일을 보러 갔다. 마침 한국 대사관에서 홍보차 한국 영화를 상영하는 기간이었다. 직업이 기자인 남편은 기삿거리를 하나 건졌다며 관계자와 인터뷰하고 곧장 사진 몇 장과 함께 웹사이트에 기사를 올렸다. 참 편리한 세상이다.

영화관으로 들어가니 대나무 재질로 벽면과 계단을 마감 처리해서 건축을 공부하는 사람들에게는 좋은 학습 자료가 되겠다. 비전공자인 우리는 계단을 오르락내리락하며 위치마다 불빛의 각도와 조명이 다르게 보이는 재미에 푹 빠졌다. K-POP과 K-드라마가 호주까지도 강타했는지 한국 영화를 찾는 사람들이 제법 많았다. 우리나라의 위상이 점점 높아지니 한국인을 대하는 태도도 달라지고 있음을 느꼈다.

국력이 힘이다. 경제력, 군사력에다 도덕 지수, 문화 수준까지 갖춘다면 정말로 강대국이 아닐까. 1인당 국민소득 3만 불에 접어든 우리나라도 경제력으로 들자면 손꼽는 순위이지만 여전히 청렴도는 OECD 국가 중 하위에 머물고, 정치면에서도 그다지 좋은 점수를 얻지 못한다. 나라가 하지 못하는 국가 위상을 운동선수, 가수, 영화배우 등 개인이 하고 있으니 박수를 받을 일이다.

멜리사의 작은 파란색 BMW는 기름을 가득 채우고 다시 우리를 국회의사당에 내려주었다. 구·신 국회의사당 두 곳이 있는데 캔버라에 올 때마다 가는 이유는 건물 옥상에 가기 위해서이다. 콘크리트 경사 지붕은 잔디로 조성되었으며 지붕에서 보는 경관이 끝내준다. 건물을 따라 일직선으로 연결된 수로는 전쟁기념관과도 통한다.

구 국회의사당은 누구나 입장할 수 있는데 이곳 역시 ISO 집단의 테러 사건 이후 검색이 강화되었다. 1층엔 회의장이 있고 2층 복도에 연도별로 영국 여왕, 수상, 연방 의원들의 얼굴을 볼 수 있다. 회의 모습을 참관할 수 있도록 회의장의 2층에는 체육관이나 방송국의 홀처럼 좌석이 층층이 배치되어 있다. 잠시 앉아 우리나라 국회의원들의 회의 모습을 떠올리니 입안이 씁쓸해졌다. 정당한 논리와 반박, 설득은 부족하고 국민을 위한 법안을 제대로 만들고 있는지 의문이 들었다. 당리당략을 위한 무조건 반대, 다수 정당의 번개 통과, 싸구려 질의응답과 몸싸움하던 정치판이 부끄러움을 넘어 한심스럽게 느껴졌다.

5시, 문 닫는 시각에 맞추어 밖으로 나왔다. 멜리사가 한국대사관 앞에 잠시 차를 세웠다. 외국에 나가면 모두 애국자가 된다더니 갑자기 뭉클해졌다. 기와로 담장을 꾸민 단아한 대사관과 태극기가 너무 반가웠다. 학생들을 인솔했을 때, 대사도 직접 만났던 적이 있었다. 초코파이랑 한국 과자를 먹으라고 내주시며 젊은 대사님과 이야기도 나누었었는데….

　한국 이마트에 들렀다. 우리가 호주에 살았던 1995년, 크리스마스 시즌에 캔버라에 놀러 왔을 때는 한국 식품점은 아예 없었고 한국 식당만 하나 있었다. 당시 교민들은 중국식품점에서 필요한 것들을 샀다. 2011년 학생들을 데리고 관광을 왔을 때는 캔버라 시티에 한 군데 있었는데 요즘엔 몇 군데 더 생겼다고 하였다. 한국 마트와 별반 다를 게 없이 한국 음식과 한국산 물건들이 많았다. 불고기 재료, 김치, 쌈무, 만두, 어묵, 비스킷 등 필요한 재료를 사고 80A$를 냈다. 한국과 비교하니 그리 비싼 편은 아니었다.

　오늘 저녁은 잡채가 메인이다. 잡채는 손이 많이 가는 음식이라 딸이 옆에서 이것저것 거들었다. 어묵과 당근, 양파를 썰어서 볶고, 시금치 넣어 잡채를 완성하고, 만두는 쪄서 내놓고 김치도 썰었다. 먹음직스러웠는지 말콤은 외출해서 음식을 먹고 왔다면서도 잡채 한 접시를 다 드셨다. 리티카는 채식주의라 만두와 자신이 만든 샐러드, 김치로 만족하며 '엄지 척!'을 하였다.

바쁘게 땀 닦으며 요리했는데 모두 맛있게 먹어서 뿌듯했다. 우리가 떠난 다음에 한국 식당에서 또 다른 음식을 시킬 수도, 매운 음식에도 도전할 수 있을 것이다. 한국에 오더라도 음식에 거부감이 없고, 우리 문화에 점점 익숙해질 것이다. 민간외교관으로 우리나라 문화를 하나씩 전하는 나에게 잘하고 있다고 응원의 박수를 보냈다.

딸의 글 캔버라의 멜리사 댁은 이모 집에 온 것처럼 기분이 좋고, 편안하고, 따뜻하게 느껴졌다. 이틀씩이나 우리를 태워준 멜리사 아줌마가 너무 고맙고 친절했기 때문이겠지만 말씀이 없는 말콤 아저씨의 요리 솜씨도 자꾸 생각이 난다.

가족이 아니지만 함께 사는 리티카를 비롯하여 딸 하나와 딸 친구 리나 등 나랑 비슷한 나이의 젊은 사람들을 만날 수 있었던 시간이라서 더 그런 것 같다. 인도에서 유학을 와서 자리 잡아가는 리티카 언니도 대단하고, 말 조련사로 독립해서 사는 하나 언니도 용기 있게 보였다. 나도 동물 관련 일을 하고 싶었는데 생각뿐이었고, 지금은 영어학원에서 아이들을 가르치는 일에 만족하고 있다. 그래도 언젠가는 호주에 가서 동물을 돌보는 봉사활동을 꼭 해보고 싶다.

캔버라 전망대(Mount Ainslie Lookout)

캔버라 자연공원에 위치한 전망대이다. 쭉 뻗은 도로와 가로지르는 인공 호수가 펼쳐진 캔버라 시가지를 볼 수 있다.

· **주소:** Mount Ainslie Drive, ACT

캔버라 올드 버스 디폿 마켓(Old Bus Depot Market)

국회의사당에서 자동차로 10분이면 갈 수 있는 킹스톤에 위치한다. 직접 가꾸거나 만든 농산물(과일과 채소, 식물, 치즈, 초콜릿, 꿀, 간식거리)을 비롯하여 손수 만든 수제품(공예품, 비누, 양초, 도마 등), 의류, 장신구, 그림 등 구경거리, 좋은 상품도 많이 판매한다.

1992년 모나 휘팅과 다이앤 힌즈가 가세하여 오래된 공공버스 차고지를 어린이와 여성, 가족들의 생활·문화공간이라 생각하고 노점상들의 입주를 받았다. 캔버라 연방정부 장관의 승인을 얻어 일요시장을 개설하였다. 그림, 사진, 유리공예, 보석, 수집품 전시 등 매주마다 주제를 정해서 시장의 내용을 조금씩 다르게 구성하고 예술품을 전시, 판매하기도 한다.

· **영업시간:** 일요일 10:00~16:00
· **주소:** 21 Wentworth Ave. Kingston ACT

캔버라 국회의사당(Australian Parliament House)

https://www.aph.gov.au/

호주 수도인 캔버라에 정치의 중심인 국회의사당이 있다. 외관은 미술관이나 박물관처럼 보인다. 잔디로 덮인 지붕까지 올라갈 수 있으며, 전쟁기념관까지 쭉 연결된 길을 볼 수 있다.

· **주소:** Parliament Drive, Canberra ACT
· **입장시간:** 09:00~17:00(무료입장)

주호주 한국 대사관

https://overseas.mofa.go.kr/au-ko/index.do

호주 수도 캔버라 대사관 거리에 위치한다. 한국의 국익을 위해 호주와의 유대관계를 위한 일에 주력하며, 재호주 동포들의 재산과 권익을 보호하는 업무를 한다. 한국인을 위한 각종 증명서 발급 및 여권 생성 등의 일을 한다.

· **주소:** 113 Empire Circuit, Yarralumla ACT
· **전화:** 61-2-6270-4100

동전은 Mint에서

8월 26일

멜리사가 쉬는 월요일이다. 약속에 나가면서 우리를 전쟁기념관에 내려 주고 집으로 올 때 다시 연락하기로 하였다.

10시에 문을 여는 전쟁기념관은 예전과 달리 테러에 대비하여 가방 검사도 하고 큰 짐은 보관하고 들어가야 했다. 전쟁기념관은 캔버라에 올 때마다 들리는데 가장 큰 이유가 한국전 코너가 조그마하게 차지하고 있기 때문이다. 제1차와 제2차 세계대전을 비롯하여 월남전, 몰타전, 아시아, 아프리카에서 일어난 여러 국가의 내전에도 장병을 파견하여 세계평화수호에 앞장선 호주가 고마울 뿐이다.

몇 년 전보다 시설과 영상, 견학 프로그램을 수정하고 보강하였다. 잠수함을 탔을 때도, 월남전 코너에서

**They were so young
They were so young
I love them all.**

는 스테레오로 마치 정글의 현장에 있는 듯 생생함이 느껴졌다. 시드니에서 견학을 왔다는 중학생들도 놀라면서 즐거운 비명을 질렀다.

한국전 코너에 가면 가슴이 먹먹해진다. 전쟁 당시의 참상과 폐허가 된 모습의 흑백 사진들을 보면 저절로 눈물이 맺힌다. 주검이 된 부모 곁에서 고아가 된 아이, 엄마가 죽은 줄도 모르고 젖꼭지를 물고 있는 걸음도 떼지 못했던 아이는 누가 보살폈을까. 혼자서 자신의 생을 살아왔을 고아들의 까만 눈동자는 나를 상념에 빠뜨렸다.

건물 밖으로 나오면 벽 양쪽으로는 잔디가 조성되었고 중앙에 길게 인공수로가 있다. 2층으로 오르는 계단을 제외한 벽을 둘러싸고 여러 나라 전쟁에 참전한 이들을 기리는 참전 코너가 있다. 그들의 피와 숭고함을 상징하는 모조 양귀비를 꽂아 두었는데 한국전쟁 참가비에는 꽃이 거의 없어서 속상했다. 한국 관광객이 적게 온 것일까 아니면 방문하고도 1A$가 아까워서 꽃을 못 샀을까…. 부끄러움을 만회하려고 5송이의 조화를 사서 꽂고 묵념하였다.

조폐국(Royal Australian Mint)으로 가기 위해 버스도 갈아타고 점심도 먹을 겸 다운 타운에 내렸다. 남편은 버거, 딸과 나는 국수류를 시켰다. 동남아 음식에 들어가는 고수를 우리 가족은 좋아해서 호주에 오면 자주 먹는 음식이 월남 국수다. 가격도 적당하고 밀가루가 아닌 쌀로 만들어서 애용한다.

호주에는 조폐국이 퍼스와 캔버라 두 곳이다. 캔버라에서는 동전만 만든다. 스리랑카, 사이판, 피지 등 다른 나라에서 그들의 동전을 여기서 찍어 간다. 생산량도 적고 기술도 부족하니 직접 설립하고 운영하는 것보다 여러모로 이익이니까 호주에 맡기는 모양이었다.

2층 입구에서부터 호주 동전의 역사를 볼 수 있었다. 특히 엘리자베스 여왕 탄신 몇 주년, 시드니올림픽 기념주화 등에는 사람들이 몰려서 사진을 찍느라 복잡하였다. 현재 사용하지 않는 1센트, 2센트 동전도 구릿빛으로 작은 몸체를 반짝이며 눈길을 끌었다. 전시 코너에서 오른쪽으로 꺾으면 동전 생산과정을 볼 수 있는 유리 벽이 있다. 하나의 물건을 생산하듯이 동전 모양을 본뜨고, 프레스 기구로 찍고, 모인 동전이 컨베이어를 타고 움직이는 모습이 마치 애니메이션을 보는 것처럼 생생하였다. 몇 시간 만에 동전이 만들어지는 것이 신기하였다. 1층 기념품 코너에서 3A$을 내면 나만의 동전을 만들 수 있는 코너가 있는데 시간이 부족한 우리는 패스하고 국

ROYAL AUSTRALIAN MINT

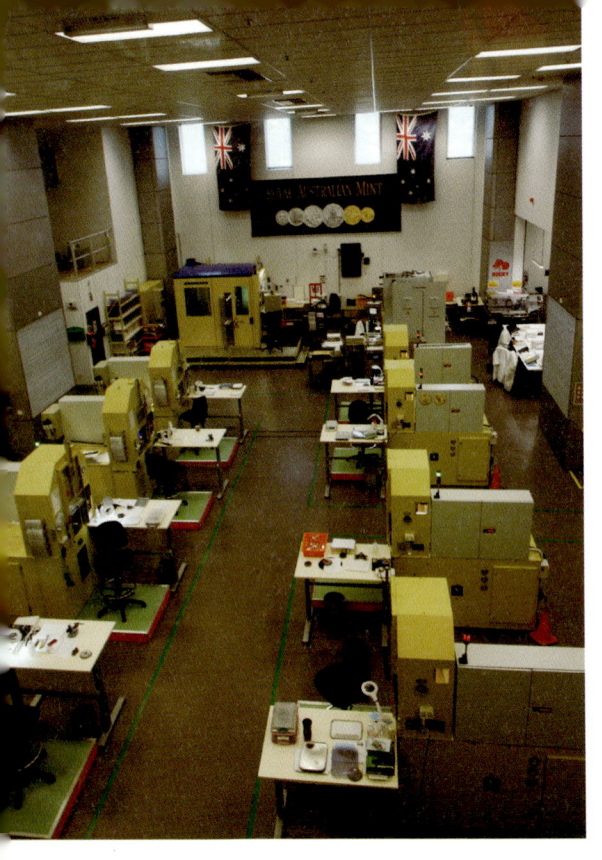

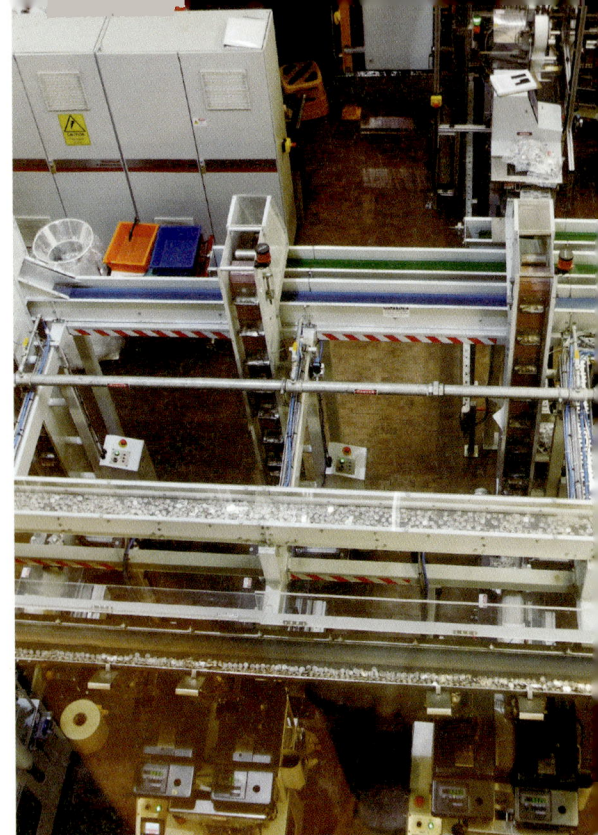

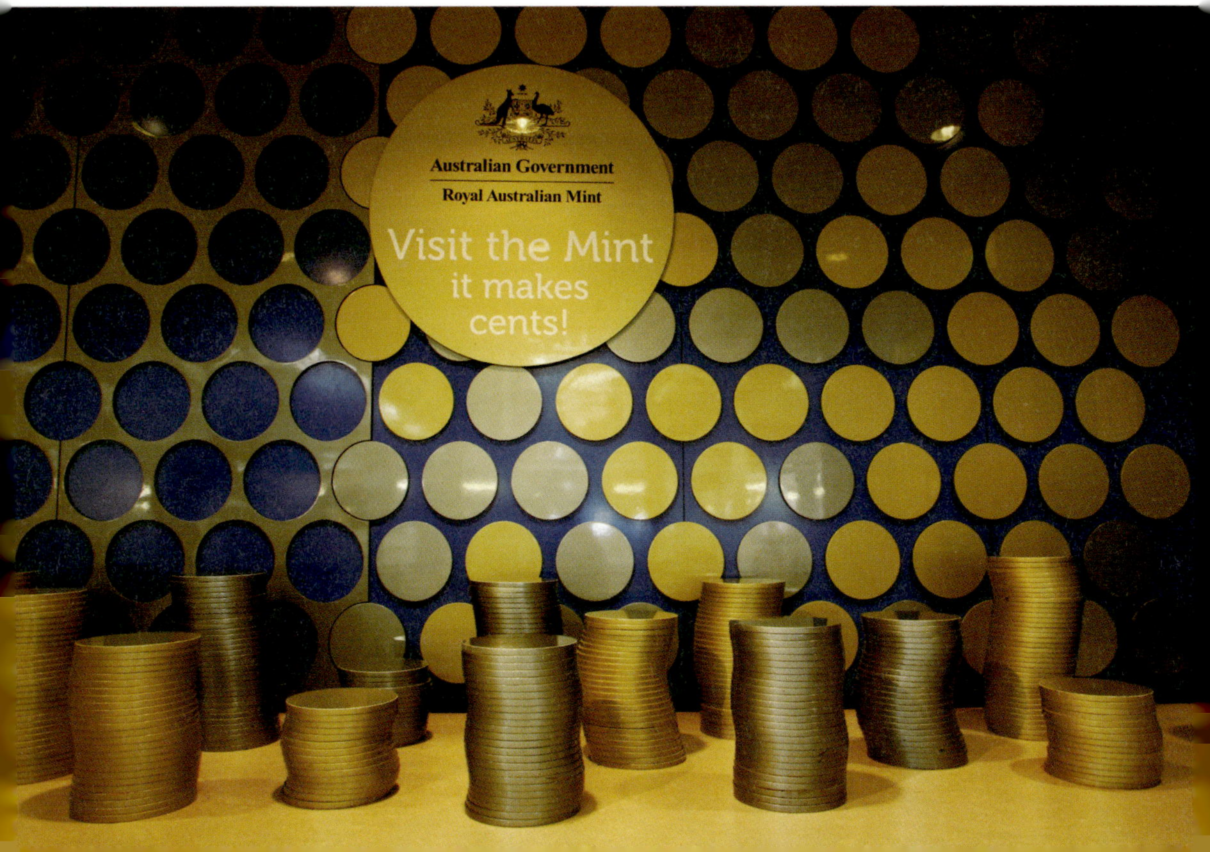
Australian Government
Royal Australian Mint
Visit the Mint
it makes
cents!

립미술관행 버스를 기다렸다.

　다행히 버스는 빨리 왔는데 하교 시간과 겹쳐서 학생들이 가득 탄 버스는 복잡하였다. 버스비 비싸네! 90분 이용할 수 있는 버스 이용비가 5A$이다. 우리보다 1인당 국민소득이 2배 정도 높다 하더라도 교통비는 엄청 비싼 편이다. 면적이 작아도 호주의 수도이고, 준주라서 그런지 퍼스나 애들레이드보다 더 비쌌다.

　모네 특별전을 하는 미술관 입장료는 22A$. 프랑스에서 질리도록 보았다고 딸만 입장하고 나와 남편은 그늘진 벤치에서 다리를 쭉 뻗고 쉬었다. 적당히 따사로운 겨울 햇살이 볼을 스친다. 겨울이 곧 끝나는 게 아쉬운지 짧은 그림자를 남기며 서쪽으로 사라졌다. 딸도 예전에 본 그림들이 대부분이었다면서 대충 보고 빨리 나왔다.

멜리사에게 전화를 했더니 우리랑 가까운 거리에 있었는지 빨리 데리러 왔다. 어제처럼 시티에 있는 한국 식품점으로 가서 저녁거리로 준비할 다양한 재료들을 사서 집으로 왔다. 멜리사는 조카랑 통화가 길어져서 내가 요리를 시작했다. 한국 요리는 늘 그렇듯이 준비 시간이 꽤 걸린다. 가지를 소금으로 절였다가 굽고, 양파피클을 만들고, 쌀을 씻어 안쳤다. 된장국을 만들고, 어제 샀던 불고기를 볶는 동안 통화를 끝낸 멜리사가 채소와 과일을 섞어 샐러드를 만들었다. 딸은 상치와 깻잎을 씻은 후 상차림을 도왔다.

6시쯤 말콤과 큰딸 동료라는 리나가 도착했고, 말 돌보는 일을 하는 큰딸은 오늘은 일이 늦게 끝났는지 7시쯤 왔다. 우리나라 사람이라면 동료 집에 가는데 조금 기다리더라도 일을 마치고 같이 왔을 텐데…. 이런 게 문화 차이다. 아르바이트 하느라 조금 늦게 온 리티카까지 귀가하니 온 식구가 다 모였다. 불고기, 된장국, 가지 구이, 김치, 쌈 등 한국식으로 차려진 밥상이 푸짐하였다. 말콤이 촛불까지 켜서 분위기를 돋우었다. 게다가 와인이 뇌를 자극하자 긴장이 풀려 마음도 덩달아 부드러워졌다.

채식주의 리티카는 된장국만으로도 행복하다면서 김치에 도전해서 맛을 보고 맛있다는 듯이 고개를 끄덕였다. 멜리사 가족은 가끔 외식으로 한국 식당에서 먹었다면서 불고기를 상추에 싸 먹으며 "원더풀, 맛있어요!(delicious)"로 표현하였다. 외국인이 좋아하는 한국 음식 1위가 불고기, 비빔밥이다. 저녁에는 비빔밥보다는 불고기가 더 어울리는 요리라 생각되어 불고기 볶음을 하였다. 멜리사 집에 한국인 게스트는 우리가 처음이었다. 우리가 한국에 대한 좋은 이미지를 준 듯해서 민간외교관 역할은 일단 성공이었다.

후식으로 한국에서 가져온 계피 껍질과 양파 껍질로 계피차를 끓여서 대접하였다. 멜리사는 설탕을 넣었냐고 묻는다.

"아니, 계피를 몇 조각 더 넣어서 그래."

못 믿겠다는 듯이 어리둥절한 눈치였다. 계피가 질이 좋았던 모양이다. 조금 넣었는데 설탕을 넣은 것처럼 달달하고 계피 특유의 향이 진했다.

식탁에서 시작된 다양한 이야기는 식사 후에도 이어졌다. 딸들의 교우관계, 직업 이야기, 한국 음식, 한국과 호주의 경제 이야기, 서바스 여행 이야기 등. 이야기꽃으

로 웃음이 담장을 넘어 이웃까지 전염시켰으리라. 제스처가 많은 그들을 따라 나도 저절로 작은 손짓과 몸짓이 동반되었다. 우리가 즐겁게 떠드는 동안 저녁 설거지는 말콤의 차지였다. 누군가 요리를 하면 설거지는 요리하지 않는 사람이 하는 이 집의 약속이 얼마나 효율적인지. 내일 일찍 자전거를 타러 나간다고 말콤은 2층으로 자러 가고, 큰딸과 리나도 각자의 집으로 가면서 두어 시간에 걸친 저녁을 마무리 지었다.

 9시 30분쯤 잠자리에 가기 전 우리도 멜리사와 포옹하며 미리 작별 인사를 했는데 딸 은진이가 눈물을 글썽였다. 나도 덩달아 눈물이 염치없이 흘렀다. 모전여전, 마음이 곱고 여린 심성이 나를 닮았지만 어떨 때는 민망하기도 하다. 외유내강으로 속마음이 단단해져서 타인으로부터 상처를 덜 받으면 좋겠다. 멜리사의 따뜻하고 친절한 성품은 말을 하지 않아도 느낄 수 있었다.

어제, 오늘 할 일이 많았을 텐데 시간을 할애해서 여기저기에 우리를 태워 주어 진심으로 고마웠다. 자기 집에 온 손님을 배려하고 귀하게 여겨 준 마음을 꼭 갚아야 하는데, 당장 되갚을 수가 없으니 우리 집에 오는 게스트에게 성의를 다할 것이다. 우리 집에 머물렀던 게스트는 호스트가 되어 찾아온 게스트에게 친절을 베푼다면 자연스럽게 친절과 사랑이 돌고 돌아 세계평화에 이바지하게 될 것이다. 서바스의 목표가 전 세계의 평화를 이루어 나가는 일인 것처럼.

친정어머니가 돌아가신 후 텅 빈 그녀의 가슴에 우리를 받아 준 것이 아니었을까. 언니의 아들, 조카는 여자로 성전환하고 싶다고 남에게 말하지 못할 사정을 이모에게 이야기했으니 가슴 따뜻한 멜리사는 가슴이 철렁 내려앉고도 남았겠다. 엄마가 아닌 이모에게 이야기할 정도라니 평소에 얼마나 그녀가 신뢰받으며 살아왔는지 짐작하고도 남는다. 천성이 따뜻한 사람이었다. 여유분으로 가져온 액세서리 목걸이를 멜리사에게 주었다. 다시 만나고 싶은 가족 같은 사람. 꼭 한국에 오라고 요청하였다.

아쉽지만 보내고 싶지 않은 밤을 더욱 따뜻하게 보냈다.

캔버라 전쟁기념관

제1차 세계대전, 제2차 세계대전 그 이후와 전쟁에 참전했던 참전용사들의 기록이 있다. 외부에는 용사들을 추모하는 공간이 있다.
· **영업시간:** 매일 10:00~16:00(크리스마스 휴일), Last Post Ceremony 입장 16:20
· **주소:** Treloar Cres, Campbell ACT

조폐국(Royal Australian Mint)

우리가 매일 사용하는 동전을 생산하는 기관이다.
· **영업시간:** 월요일~금요일 08:30~17:00/ 금요일~토요일 10:00~16:00
　　　　　(휴일: 크리스마스, 성 금요일)
· **주소:** Denison St, Deakin ACT

START

캔버라 ➡ 시드니

VII

시드니
Sydney

야들야들, 다시 먹는 쇠고기
경관 일품, 타롱가 Zoo
John 병문안
드디어 집으로

야들야들, 다시 먹는 쇠고기

8월 27일

우리의 마음을 하늘도 알았는지 캔버라를 떠나려 하니 아침 일찍부터 비가 내렸다. 콜택시를 타고 우리가 떠나자마자 멜리사도 출근하며 아쉬운 마음을 담아 서로 손을 흔들었다.

캔버라서 시드니까지 고속버스로 3시간 걸린다. 우리가 시드니에 살았을 때는 2차선이라서 약 4시간이 소요되었는데 4차선으로 도로가 확장되면서 시간이 준 셈이다.

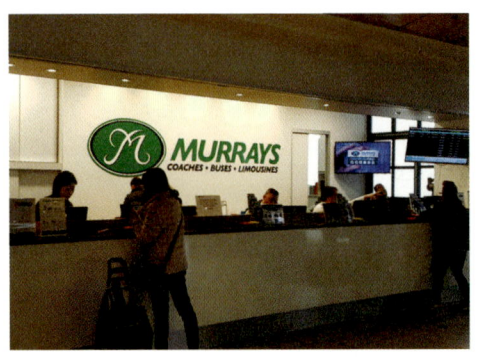

터미널에 도착해도 비는 여전히 내렸다. 한참을 기다려 버스에 올랐다. 다행히 손님은 많지 않았고 일찍 타서 맨 앞 좌석에 앉았다. 날씨가 맑아

지길 기다리며 사진기를 가방에서 꺼내 놓고 기다렸다. 버스가 출발 후 한동안 비가 세차게 내려 차량 와이퍼는 눈코 뜰 새 없이 좌우로 움직였다. 시드니서 1시간 떨어진 울런공 가까이 오니 날씨가 개기 시작하였다.

버스 터미널이 시드니 시내 한복판에 있었다. 옛날에 부산에도 서면 중심지에 고속버스 버스터미널이 있었다. 교통체증을 핑계로 지하철 시대가 열리자 부산의 북쪽 끄트머리 지하철 1호선 종점과 연계한 곳으로 옮겼다. 시드니에도 지하철이 있고 기차가 다니는데 왜 외곽으로 고속버스터미널을 옮기지 않은 것일까. 시민들의 편의를 1순위로 생각하는 것과 옛것을 지키며 변화를 그다지 좋아하지 않는 호주인들의 특성이라고 짐작해 본다.

비가 그쳐서 다행이었다. 짐이 많아서 걱정했는데 시드니 한인회 회장까지 하신 지인이 픽업하러 왔다. 영화 '빠삐용'의 촬영지라고 소문난 갭 파크(Gap park)에 가고 싶다고 하니 데려다주었다. 갭 파크 위쪽에 주차하고 절벽 가까이 갔는데 경고문과 함께 들어가지 말라고 철망으로 된 곳이 많았다. 발 없는 소문이 참 무섭다. 얼마나 많은 관광객이 우리처럼 엉터리 소문을 듣고 빠삐용이 뛰어내렸다는 절벽을 보러 오는지 가늠할 수 있었다.

오랜만에 왔다고 한인들이 많이 거주하는 스트라스필드 식당으로 갔다. 퇴근길과 마주한 도로 사정은 완행열차와 비슷했다. 왓슨 베이에서 목적지까지 가려면 2차선뿐인 도로를 지나 시내를 관통해서 오기 때문에 어쩔 수 없었다. 하늘에 있는 해를 보며 출발했는데 목적지 한국 식당에 도착하니 어둠이 내려앉았다.

주인은 회장님과 지인이다. 한국에서 왔다고 특별히 최고로 맛있는 쇠고기 부위를 구워 주었다. 마트에서 사든지 지인의 집에서 먹든지 호주에 오면 빠지지 않고 티본(T-born) 스테이크를 먹는다. 오늘 먹은 고기는 티본보다 훨씬 야들야들, 살살 녹는다고 딸의 입꼬리는 내려올 줄 몰랐다. 오랜만에 구색을 갖춘 한국 밑반찬에다 쇠고기의 진미를 맛보았으니 이보다 더 좋을 수가 없었다. 저녁을 먹고 나니 거의 9시가 다 되었다. 밥도 얻어먹었는데 늦었다고 택시를 불러 차비까지 건네준 백 회장님의 친절과 고마움은 꼭 갚아야 할 빚으로 남았다.

진실인지 아닌지, 육가공 업자의 말에 의하면 2년 미만의 육우를 도살해서 최고 1등급은 호주 자국민들에게 공급하고 2등급을 수출한다고 한다. 1등급 중 최고급(triple A)은 고급 호텔에, 나머지는 일반 식당이나 마켓에 공급된다고 하니 호주인들은 질 좋은 쇠고기를 싼 가격에 먹을 수 있는 모양이다.

오늘 머물 서바스 가족은 린필드(Lindfield)에 사는 존과 마가레트(John&Margaret)의 댁이다. 호주에 살았을 때 내가 린필드 한국학교에 근무하며 다녔던 지역이라 낯설지 않았다. 저녁을 먹고 출발하면서 전화를 드렸다. 택시 기사가 서바스 리스트에 있는 주소에 내려 주었다. 자그마한 아파트였다. 초인종을 누르니 아시아계 아주머니가 나와서 우리 가족은 당황스러웠다. 자기들은 작년에 이사를 왔는데 잘못 찾아온 것 같다고 하였다. 할 수 없이 다시 마가레트에게 전화했다. 모퉁이를 돌아 큰길가로 나

오니 빤히 보이는 거리에서 손짓하고 계셨다. 얼마나 반가운지. 이사한 주소를 메일로 보냈는데 빨리 확인하지 못해서 빚어진 상황이었다.

　스코틀랜드계 호주인 마가레트는 은발의 할머니다. 회계사였던 남편 덕분에 고생하지 않고 살아온 듯 온화한 모습의 미인이다. 결혼한 간호사 딸은 43세인데 마라톤 선수이기도 하다. 가을에 한국에서 열리는 대회에 참석할 예정이라고 하였다. 미리 한국에 대한 정보와 문화를 알기 위해 우리를 호스트하였다고 짐작한다. 남편 존은 지금 다리 수술로 입원 중이었다. 늦은 시각이었지만 웰컴 티(welcome tea)와 초코 제품을 내놓았다. 국화와 난초를 그려 넣은 작은 액자와 아리랑 부채를 선물로 드렸다. 부채는 다른 곳에서 본 것이라 하였다. 액자 속 그림에 관심이 많았다. 그림을 내가 그렸다하니 무척 놀라워했다. 호주는 수공예품의 가치를 높게 평가하며 소중하게 여긴다. 그림에 대한 질문에 아는 만큼 설명해드렸다.

    호스트 마가레트 내외는 린필드 역 앞에 시큐리티가 아주 잘된 고급 아파트 3층에 산다. 일일이 방문을 열면서 집 구경을 시켜 주었다. 방이 모두 5개, 거실, 화장실 2개, 부엌이 현대식으로 잘 갖추어진 제법 큰 아파트였다. 방과 거실이 북향으로 향해서 따뜻하였다. 거실에서 가장 안쪽에 안방, 현관 쪽으로 작은 방이 2개 더 있었다. 그중 방 하나는 존의 사무실로 아직도 회계사 일을 하시는지 서류들이 가득하였다. 장식장을 차지한 멋지고 독특한 그릇들, 뜨개질한 소품, 벽에 걸린 사진 등 결혼생활

45년의 흔적들이 곳곳에서 느껴졌다.

두 세대가 살아도 되도록 분리된 공간에 우리가 머물렀다. 현관에서 왼쪽으로 별도 문을 사용해서 들어갈 수도 있다. 방 2개, 냉장고가 있는 간이 부엌, 화장실, 세탁실이 있는 따로 있는 호주 여행 중 가장 편리하고 좋은 집이었다. 방 2개에는 더블 침대와 싱글 침대가 각각 있고, 책상도 있어서 글쓰기도 편리했다.

한국처럼 온돌 시스템은 아니었으나 최근에 지어진 고급 아파트라 냉난방 시설이 잘되어 있었다. 천정에 매립형으로 설치되어 리모컨으로 켜고 끌 수 있었다. 자동 냉방과 히터는 물론, 건조, 환기도 가능할 뿐만 아니라 온도와 강도 조절도 가능하여 따뜻하고 쾌적하게 잠을 잤다.

교통이 발달하고 인터넷 속도가 빨라지면서 세계는 그야말로 일일생활권으로 좁혀졌다. 각국의 좋은 시설들을 채 한 달이 안 되어 모방하여 자국에 맞게 개발하고 보편화시킨다. 프랑스에서 시작되었다는 비데 문화는 우리나라에서도 밥격정 없이 사는 가정에는 대부분 설치하고 있지 않은가. 한국의 온돌 문화는 세계에서도 우수성을 인정하였다. 이민 간 해외동포가 각자의 집에 도입하여 시드니 한인 집에서도 심심치 않게 볼 수 있다.

한국의 드라마와 노래가 동남아를 넘어서 북미, 남미, 유럽을 강타하고 이곳 호주에서도 히트였다. 한 국가의 위상을 높이는 방법이 다양하다. 우리나라는 노래, 드라마와 영화, 음식 등 K 문화가 세계에 널리 퍼져서 어디를 여행가도 한국 사람이라고 하면 무척이나 반긴다. 예전에 살았던 1995년에 비하면 대한민국의 위상은 괄목상대한 일이다.

> **갭 파크(Gap park)**
> 갭 파크는 시드니 항구의 South Head에 있는 해안 경사면에 위치한다. 산책하기가 좋고, 항구와 해양 관람, 조류 관찰, 고래 관찰, 주요 항만 행사 관람을 볼 수 있다.
> · **주소**: Gap Road, Watsons Bay NSW 2030

경관 일품, 타롱가 Zoo

8월 28일

    느지막하게 일어났다. 마가레트가 정성껏 준비한 아침을 먹었다. 사과 말레이드, 딸기잼, 베지마이트 등 빵에 발라 먹을 잼 종류가 많아 딸은 싱글벙글이었다. 계란프라이와 오렌지까지 먹으니 풍성한 아침 식사가 되었다. 오랜만에 베지마이트를 보니 아들을 키우던 때가 떠올랐다.

    처음 호주에 정착하여 어떻게 도시락을 준비해서 보내야 할지 몰랐다. 김치 냄새가 날까 봐 밥을 볶아서 보냈다. 정작 자신은 좋은데 친구들이 놀린다고 빵이 좋겠다고 했다. 여러 가지 잼을 바르고, 채소와 햄을 얹은 샌드위치를 싸 주었다. 하루는 친구들이 빵에 바른 베지마이트가 궁금했는지 자기도 그것으로 해 달라고 하였다. 색깔만 보고 초콜릿 제품인 줄 알았는데 '무슨 이런 맛이 다 있노?' 생전 처음 접하는 맛이었다. 밍밍하면서도 짜고, 고기 가루인 듯 아닌 듯한 맛에 점점 익숙해졌고, 비타민이 많다는 것도 알게 되어 종종 즐겨 먹었던 잼이었다.

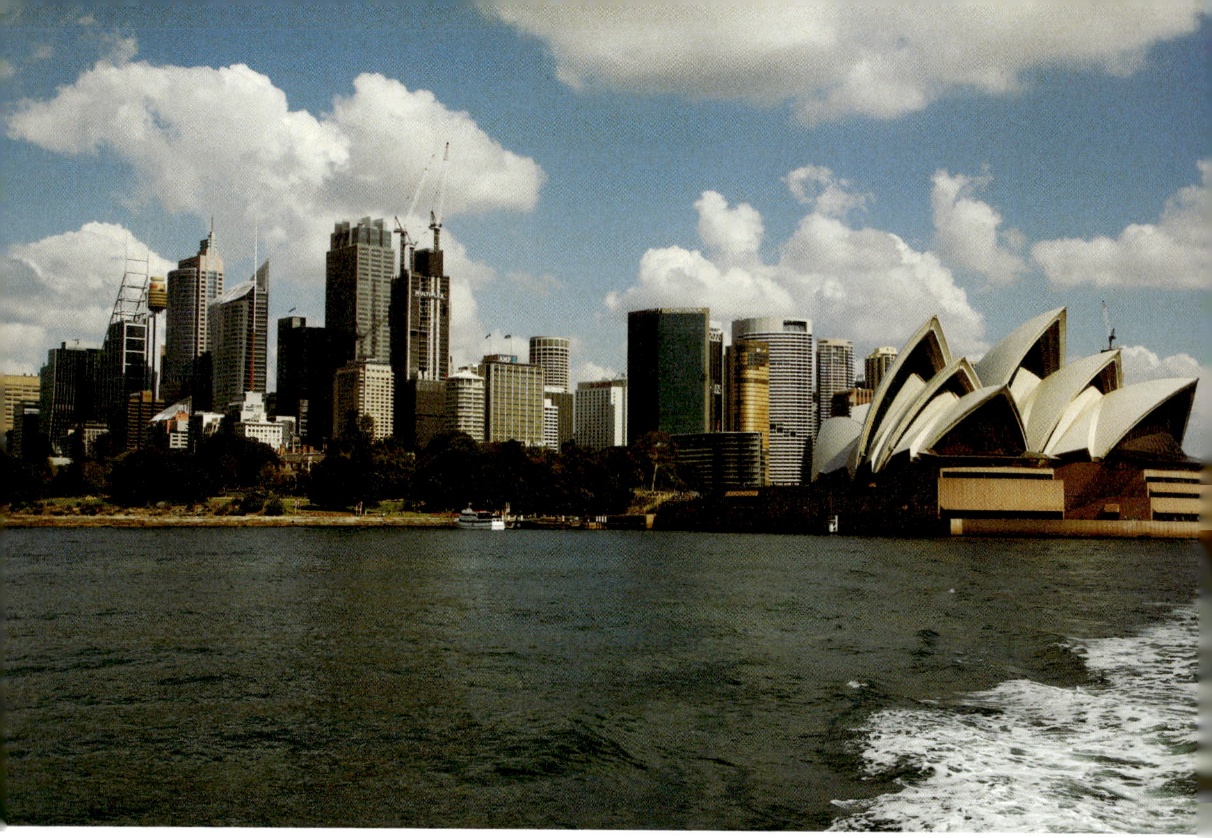

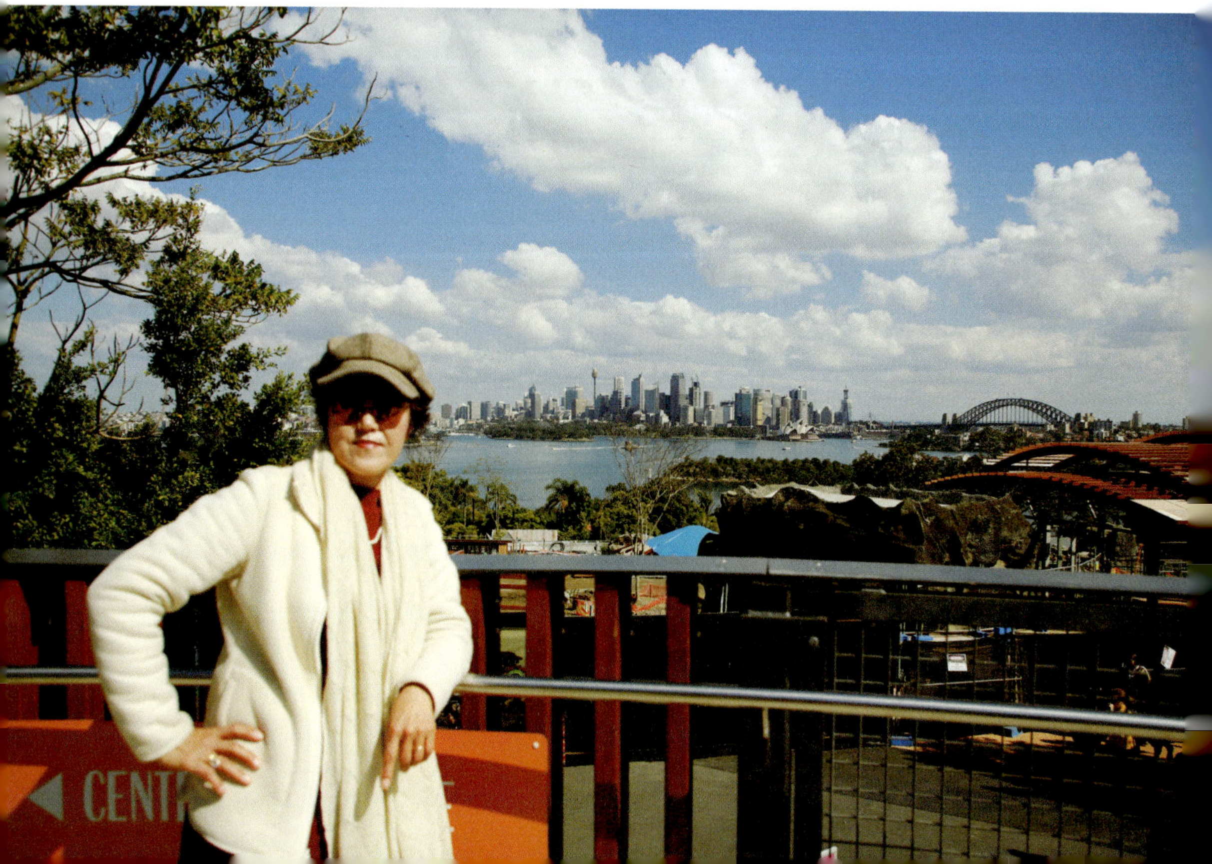

마가레트는 점심 약속이 있어서 우리와 같이 다니지 못했다. 식사 후 시티 행 전철을 타기 위해 밖으로 나왔다. 집이 역 바로 앞에 있으니 전철 시간에 맞춰 후다닥 뛰어가도 될 정도로 편리하였다. 여러 도시를 다니면서 예전보다 경비가 삼엄해졌다는 것을 느꼈는데 시드니도 마찬가지였다. 시티가 가까워지자 역마다 경찰들과 역무원들이 많이 보였다. 이민자도 증가하고, 범죄도 늘고, 테러도 가끔 일어났으니 당연한 결과가 아닐까.

타운홀에서 내려 서큘러 키(Circular Quay)행으로 갈아탔다. 서큘러 키는 여러 베이(bay)로 가는 배의 선착장이다. 시드니 오페라가 지척에 있고, 하버 브리지도 걸어서 금방이다. 광장에는 날마다 다양한 길거리 공연이 열린다. 정장 옷에다 머리부터 발끝까지 온통 은색으로 칠한 사람이 동상처럼 서서 사람들이 동전을 던질 때마다 손과 윙크로 인사하였다. 직업에 귀천이 없다지만 저들은 저렇게 사는 것이 행복할까. 하루에 얼마나 버는지 궁금했으나 물어볼 수는 없었다. 겨울인데도 별로 춥지 않아서 다행이다.

시드니는 살았던 도시이기에 곳곳에 추억이 많은 곳이다. 시드니에 오면 항상 이곳에 들린다. 잔디밭에 앉아 종일 시간을 보내도 좋은 곳이다. 빛을 받아 유난히 반짝이는 타일로 지붕을 마감한 오페라 하우스를 바라보던 일, 하버 브리지 걷기를 하는 관광객을 세던 일, 길거리 공연을 보며 웃음 짓던 때, 맥커리 여사의 의자에 앉아 드나드는 배들을 구경하던 일들이 주마등처럼 지나갔다. 오페라하우스 옆에 큰 빌딩을 짓지 못하게 환경단체 사람들이 그렇게 반대를 했었는데…. 돈 앞에서는 당해 낼 재간이 없었는지 결국 따닥따닥 붙은 높은 빌딩들이 어색한 스카이라인으로 조망권을 망치고 있었다.

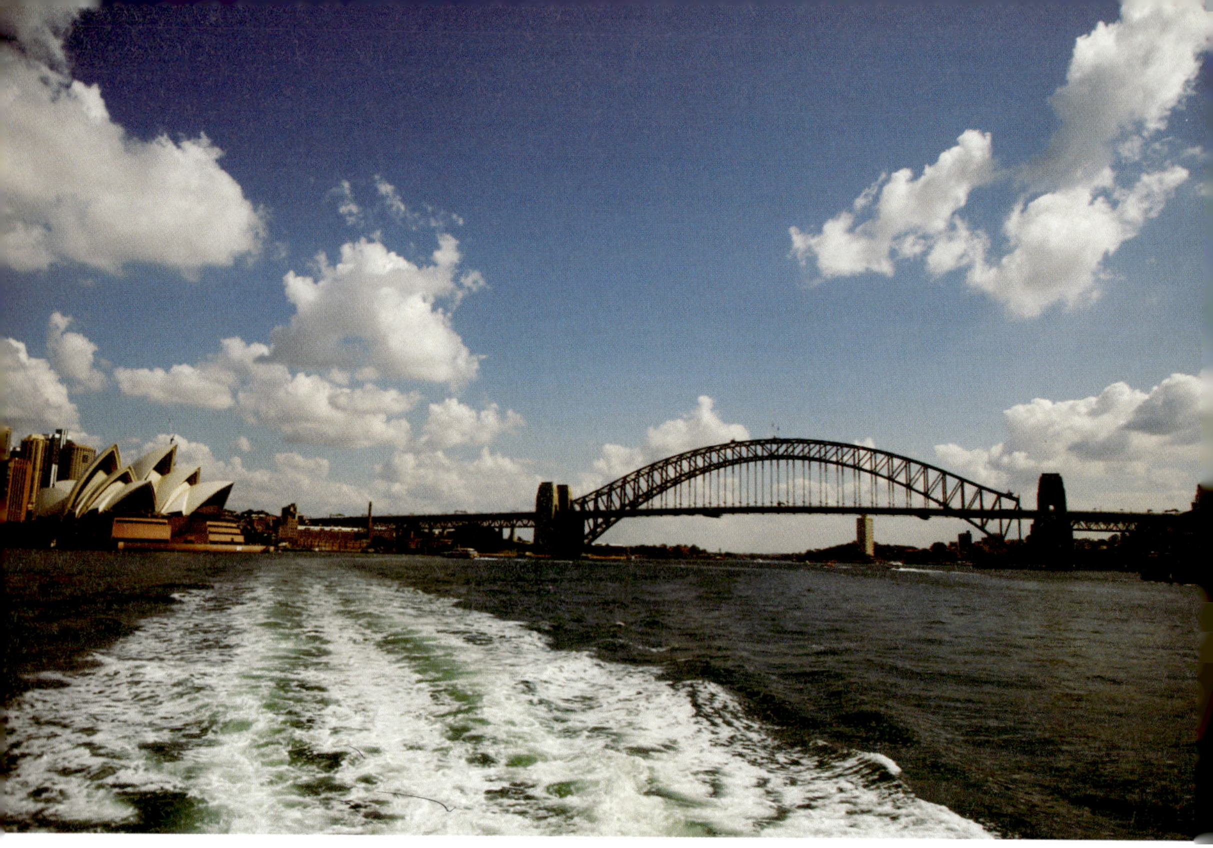

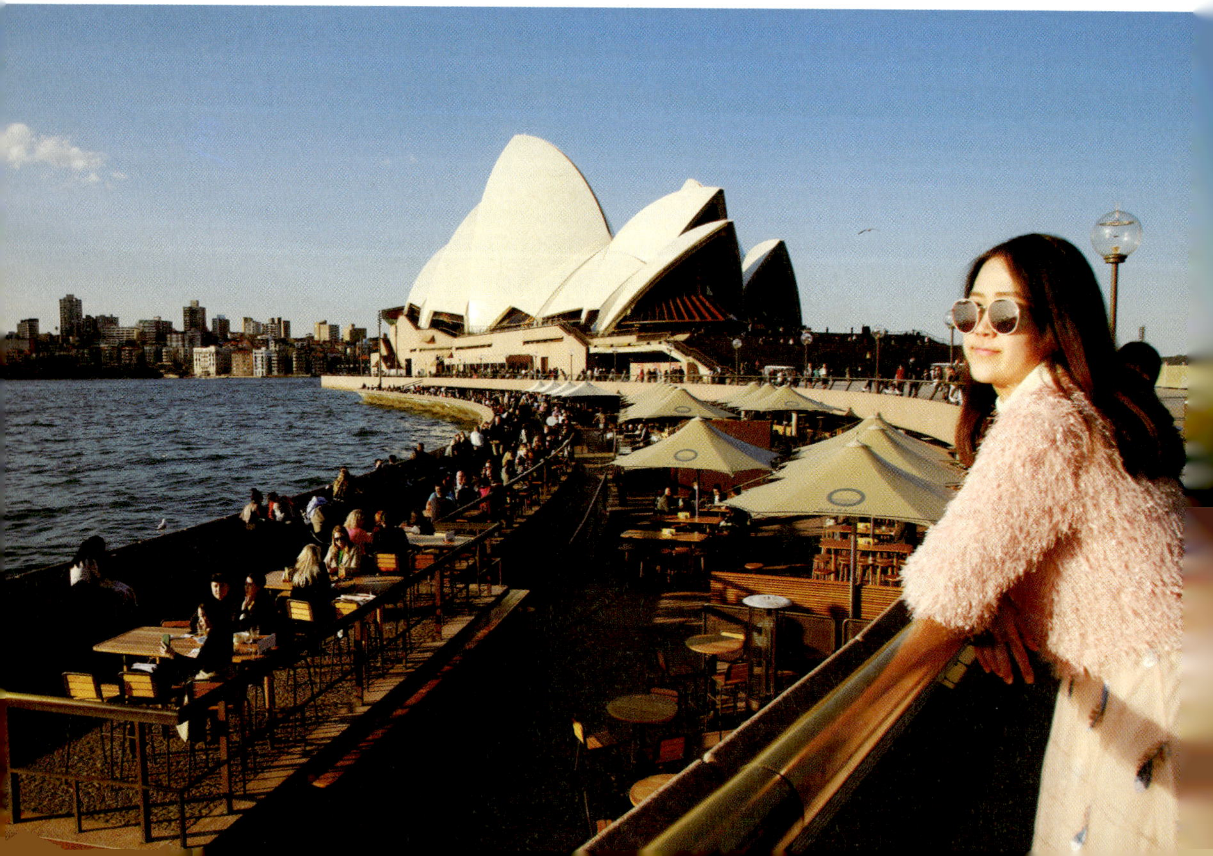

페리를 타고 타롱가 주(Taronga Zoo)에 가고 싶었다. '타롱가'는 원주민의 말로 '아름다운 물의 모습'이라는 뜻이다. 선착장에서 내려 케이블카를 타고 올라가는 동안에 시드니만의 멋진 풍광을 볼 수 있다. 연줄을 풀어 연을 더 높이 올라가도록 만들어 주듯 하얀 물 띠에 꽁꽁 묶여있던 오페라 하우스가 풀려나듯 시야에서 점점 멀어졌다. 배의 속도에 따라 마천루의 각도가 다르게 보여 더욱 아름다웠다. 타롱가 주(zoo)는 세계에서 가장 멋진 경관을 가진 동물원 중 으뜸이지 싶다.

공립과 사립의 차이는 있지만 N.S.W 주의 공립학교는 1월 마지막 주에 신학년이 시작된다. 개학한 지 얼마 되지 않았는데 초등학생들이 체험학습을 온 듯했다. 야외 활동에 필수인 머리 뒤쪽도 가려 주는 캡(cap)을 쓰고 무엇이 들었는지 모를 커다란 가방을 메고 교사의 발걸음을 따라 움직였다. 어떤 장소에서는 조련사의 설명을 들으며 메모하는 아이들이 대견해 보였다.

대부분의 동물원이 그러하듯 타롱가 동물원의 장점은 매우 넓다. 샅샅이 돌아보려면 관람객들은 다리가 아프겠지만 동물들은 한 마리당 넓은 영역을 차지할 수 있어 다행이다. 오세아니아 대륙에서만 사는 동물뿐만 아니라 다른 대륙의 동물도 대거 데려와 동물의 종류가 다양한 것이 두 번째 장점이다. 남극 펭귄도 볼 수 있고, 아프리카 초원에서나 볼 수 있는 얼룩말과 기린, 사자도 있고, 인도산 호랑이와 태국에서

선물로 보내온 코끼리도 만날 수 있다. 남미가 고향인 알파카, 호주에만 사는 캥거루와 코알라, 오리너구리, 웜베트 등 다양한 종류를 볼 수 있었다.

고릴라 지역으로 갔다. 3대로 보이는 고릴라들이 서로 이를 잡아 주고 쓰담쓰담 사랑을 나누는 모습을 보니 묘한 기분이 들었다. 미운 7살처럼 꼬마 고릴라는 아무에게나 장난을 걸며 우리 안을 뛰어다녔다. 어떤 녀석은 우두머리인 양 약하게 보이는 다른 고릴라 앞에서 잘난 척하다 진짜 우두머리에게 혼쭐나서 줄행랑을 치는 모습이 비열한 인간과 닮았다. 평화가 유지되려면 동물사회나 인간사회나 역시 우두머리는 하나여야 한다.

시간에 맞추어 물개 쇼를 관람하였다. 몇 번 보았지만 물 속이나 밖에서 조련사와 하나가 되어 강도 높은 기술을 보여줄 때는 박수가 절로 나왔다. 얼마나 연습을 많이 했을까. 인사는 기본, 박수, 회전하기, 물속에서 머리로 조련사 태워서 땅으로 내려놓기 등 동물들의 IQ로 가능할까 싶은 장면도 연출되었다. 예전에 보았던 돌고래를 가족으로 여기며 잠수 실력을 쌓는 '그랑블루', 고래와 소년의 우정을 다룬 '프리 윌리' 영화에서 보았던 사랑스럽고 영리한 돌고래 모습이 떠올랐다.

　동물 복지재단의 비판에도 불구하고 여전히 쇼를 진행하지만 이런 쇼는 곧 사라질 것이라 믿는다. 물개도 인지 능력을 가진 생명체이기에 제한된 공간에서의 훈련보다는 그들의 고향인 바다로 놓아 주어야 옳은 일이 아닐까 싶다.

서큘러 키(Circular Quay)
서큘러 키는 시드니에 있는 부두로 시드니 중심 업무 지구의 북쪽 가장자리에 있다. 쇼핑몰, 공원, 식당, 오페라하우스로 이어지는 산책로가 연결되어 있다. 또한 페리 승강장, 버스 터미널, 기차역이 있는 시드니의 교통 중심지이기도 하다.

타롱가 주(Taronga Zoo)
시드니 하버의 멋진 전망이 보이는 타롱가 주(zoo)는 야생동물 및 희귀한 이국적인 동물을 볼 수 있는 좋은 명소이다. 새와 물개 쇼, 누라디야 원주민 디스커버리 투어 등 다양한 체험을 할 수 있다.
· **영업시간**: 매일 09:30~17:00
· **주소**: Bradleys Head Road, Mosman NSW

John 병문안

8월 29일

  아침 후 마가레트의 차를 타고 존이 입원하고 있는 병원을 찾았다. 호주 살 때 아이들 때문에 개인 의원은 종종 다녔으나 병상을 갖춘 병원은 처음이었다. 우리나라 2차 병원 같은 중소 병원인데 사설이었다. 땅이 넓으니 고층으로 지을 필요 없이 주택 몇 채가 연결된 듯한 구조와 야외에도 넓은 공간이 있는 면적에 놀랐다. 안에 들어가지 않으면 병원이라고 생각하기엔 도무지 모를 건물들이었다. 'ㅇㅇㅇㅇ hospital'이라는 간판이 없으면 일반 가정집이라 여겨지는 곳이다.

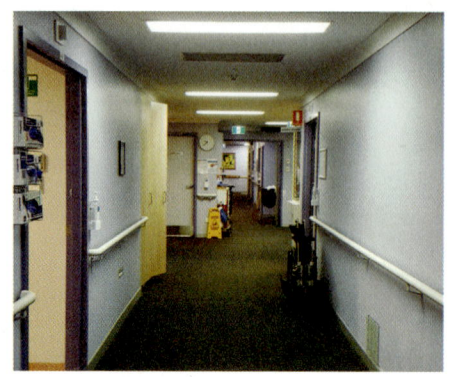

입구를 열고 몇 개의 문을 지나 병상으로 갔으나 존은 없었다. 간호사와 몇 마디 인사를 나눈 마가레트는 익숙한 듯 물리치료실로 우리를 데려갔다. 시설에 또 한 번 놀랐다. 우리나라 큰 병원의 정형외과에서 진료를 받은 때가 떠올라 비교되었다. 이 곳은 공간이 넓어서 그런지 훨씬 편안하게 느껴졌다. 물리치료 시설이 현대식이었고 다양한 기구, 처음 보는 재활 운동 기구 등도 새로웠다.

존은 헬스클럽의 러닝머신 위에서 걷기 연습 중이었다. 환자 한 명당 물리치료사가 일대일로 돌보며 환자의 건강 상태에 맞는 맞춤 치료를 받고 있었다.

세 번째 놀란 것은 호주는 가족이 간호를 안 한다는 점이다. 말로만 듣고는 설마 했는데 진짜였다. 우리가 머물렀던 동안 마가레트는 남편을 간호한다고 병원에서 밤을 지낸 적이 없었다. 간병하느라 보호자들이 병원에서 먹고 자는 우리와 시스템이 다르다. 아무도 밤에 머무를 수 없다. 그럼 환자는 누가 보냐고? 당연히 간호사다. 그래서인지 간호사 월급이 의사 못지않게 많다. 부족 직업군으로 이민을 신청하면 유리하기 때문에 영어 점수만 통과하면 빨리 영주권을 얻을 수 있다. 병원비가 엄청날 텐데도 불구하고 수술이 잘되어서 약 3주 정도 더 계실 예정이라고 한다. 보험을 많이 들었는지 모르겠지만 시간과 경제적으로 여유로운 노후 생활이 부러웠다.

존과 첫 만남을 가진 병원을 나와 버스를 탔다. 시티 윈야드(Wynyard) 부근에서 내려 달링하버로 걸었다. 달링하버는 긴 ㄷ 자 형태로 생긴 항구이다. 서큘러 키까지 가는 배를 탈 수도 있고 다른 장소로 가는 배가 떠나기도 한다. 달링하버에서 개최되는 새해맞이 불꽃 축제를 보러 가기도 하고, 이곳에서 뷔페식당을 하던 지인의 초대로 종종 갔던 곳이다. 나무 데크를 따라 계속 걸으면 시드니 수족관도 있고, 컨벤션 센터도, 국립해양박물관도 나온다.

겨울이라 관광객은 거의 없었다. 예보대로 겨울비가 내리고 바람까지 불어서 쌀쌀했다. 비옷을 입고 우산을 미리 준비했으나 바람이 세어서 수족관 건물로 들어가 비를 피했다. 매표소 벽면에는 수족관 프로그램을 알리는 포스터와 오늘 공연 시간을 알리는 안내 글이 눈길을 끌었다. 아이를 동반한 가족 몇 팀이 표를 사고 있었다. 아이들에겐 역시 동물이 호기심을 자극하는 즐거운 구경거리임에 틀림이 없다. 시드니에 살 때 아쿠아리움엔 두 번 갔었는데 지금은 프로그램도 더 다양해졌다. 시드니 수족관 회사가 부산 해운대 수족관과 싱가포르 수족관을 짓고, 지분을 많이 가지고 있어서 그런지 비슷한 부분이 많았다.

비가 계속 내렸으나 밖으로 나와 컨벤션 센터까지 걸었다. 행사가 있는지 정장을 차려입은 사람들이 들락거렸다. 다행히 2층 커피숍은 영업 중이었다. 우리가 관람하거나 참여할 수 있는 행사는 없어서 커피숍에서 커피와 주스를 주문하고 한참 동안 앉아 있었다.

비 오는 날 창가에 앉아 시간을 보내는 일은 여유로웠다. 겨울 노래를 연주하듯 빗방울이 또르륵 창을 따라 느리게 빠르게 흘러내렸다. 까만 우산을 쓴 노신사의 우산 위에도 짙은 감색을 든 긴 머리 여인의 우산 위로도 빗물이 떨어졌다. 흘러내린 빗물은 도로를 따라 바다로 다시 흘러들었다.

내일 귀국이라 선물도 살 겸 차이나타운으로 걸어가서 패디스 마켓에 들렀다. 도매로 판매하는 패디스 마켓은 싸기도 하지만 물건이 다양해서 시드니에서 출국할 때 가끔 들렀던 곳이다. 1A$ 하던 것이 3A$를 줘야 할 만큼 물가가 꽤 올랐다. 우리 반 아이들에게 주려고 동전 지갑을 사고, 지인에게 줄 그릇 닦는 수건과 냄비 장갑 몇 개를 샀더니 조금 깎아 주었다. 시장에 오면 이런 정도 있고, 북적거리는 것이 사람 사는 맛이 난다.

바로 부근에 있는 퀸 빅토리아 빌딩에 갔다. 화려한 외관의 백화점답게 고가의 물품을 판매한다. 가게들은 화려한 조명의 불빛이 손님을 겨냥하였으나 불발, 가게에 들어가는 사람은 별로 없었다. 저녁 시간이 다 되어서인지 우리처럼 윈도우 쇼핑하는 사람이 더 많았다.

한국 식품점을 찾아서 장을 보고 집으로 돌아왔다. 밥을 하고, 불고기 요리에다 야채 샐러드, 김치까지 차렸더니 불고기를 좋아한다면서 마가레트는 박수로 환영하였다. 양이 많아서 내일 아침에 집에 들르는 딸을 준다고 챙겨 두었다.

 마가레트가 챙겨준 디저트까지 먹고 나서 작은 테이블에 앉았다. 무슨 용도의 테이블인지 물었다. 친구들과 카드 게임을 할 때 쓰인다고 하였다. 우리나라도 동네 노인정이나 마을 복지회관 등에서 노인들이 모여 화투놀이를 하듯 호주에서는 회원제 식당 테이블이나 어느 집에 모여 카드놀이를 한다고 하였다. 딸, 나, 마가레트와 함께 카드놀이를 하였다. 딸이 세븐 브리지 규칙을 알려주고 함께 놀았다. 경제적으로 여유가 있지만 둘이만 사니 외롭기도 하겠다. 더군다나 거의 한 달 남편과 떨어져 지내야 하니 외로움은 얼마나 클까.

10시쯤 굿나이트 인사를 하고 방으로 왔다. 내일은 호주 일정을 마무리하고 한국으로 떠난다. 음식 정리를 하고, 남편, 딸, 내 가방을 각각 꾸렸다. 구멍 난 양말 몇 개와 지퍼가 고장 난 바지를 버리고, 딸 윗옷을 하나 샀으니 옷의 무게는 거의 비슷하였다. 선물로 잔뜩 가져온 물건들이 다 없어졌으니 실제 가방 무게는 훨씬 줄었다.

긴 일정에 아무도 다치지 않고 건강에 이상이 생긴 일이 없어서 정말 다행이었다. 처음 간 여행지, 첫 경험도 흥미로웠다. 따뜻한 잠자리, 맛있는 음식도 먹을 수 있게 해 준 모든 서바스 가족과 울루루 캠프를 이끈 잭슨과 헬렌, 마음 씀씀이가 좋은 시드니 백 회장님, 언제나 가족처럼 우리를 환영해 준 애들레이드 나 회장님께 고마움을 전한다.

딸의 글 시드니는 내가 아주 어렸을 때 살았던 곳이다. 호주 한인회 회장을 했던 백 회장 아저씨는 내가 어릴 때부터, 귀국 후에도 한국이나 호주에서 만났기 때문에 더 반가웠다. 이번에 사 준 쇠고기는 살살 녹을 정도로 부드럽고 맛있었다.

마가레트 할머니 댁은 예전에 우리가 살았던 에핑(Epping) 아파트보다, 지금 우리집보다 훨씬 좋은 고급 아파트였다. 젊을 때 돈을 많이 벌어 둔 덕분에 노후가 편안해 보였다. 몇 곳의 서바스 가족 집에서 머물면서 든 생각은 돈이 전부는 아니겠지만 많으면 좋은 것은 틀림이 없었다.

존 할아버지가 다리 수술로 병원에 입원할 동안 우리를 머물게 해 주시는 것 같았다. 혼자 집에 계셔서 조금 외로워 보였지만 우리 엄마처럼 사교성이 좋은지 클럽에 가서 카드놀이도 하고, 친구들과도 종종 점심도 먹는다고 하니 인생을 즐겁게 사시는 듯했다. 가까이 있는 딸이 자주 왕래하고, 직업이 간호사라서 도움을 많이 주는 것처럼 보였다.

여태까지 나를 키워 주시고, 미국, 서유럽, 북유럽과 이탈리아 등 해외여행에 함께 할 수 있게 해준 부모님께 감사하다. 다치지 않고, 잃어버린 물건 없이 이번 여행을 무사히 마치고 올 수 있어서 기쁘고 행복하였다. 새로운 서바스 가족을 만나서 우리나라 음식을 대접하고, 엄마가 만든 기념품과 선물 등을 드리면서 우리 문화를 알린 알찬 여행이었다. 엄마, 아빠 사랑합니다. ♥ ♥ ♥

달링 하버(Darling Harbour)

https://kr.sydney.com>sydney.city
https://kr.m.wikipedia.org

시내 중심가에서 걸어서 갈 수 있는 센트럴비즈니스 지구에 위치한다. 100년 전에는 대단지 공업단지로 상업과 경제의 중심지였고 방직, 곡물, 석탄 등을 운반하는 선박 터미널이 있었다. 1984년 뉴사우스 웨일즈 200주년 기념사업으로 재개발되었다.

시드니에서 가장 큰 식당가와 호텔, 쇼핑센터, 엔터테인먼트 구역 중 하나이다. 여전히 페리와 크루즈가 입출항하며, 국립해양박물관, 시드니 수족관, 컨벤션센터, 페스티벌 마켓 플레이스 등 다양한 쇼핑센터가 있다. 세계에서 가장 큰 스크린이 있는 IMAX 극장, 레이저 서바이벌 경기장, 마담 투소 등 놀거리가 풍부한 장소이다. 남쪽으로 중국 우정 정원도 관람할 수 있다.

· **호주국립해양박물관:** 2 Murray St, Sydney NSW
  https://www.sea.museum/
· **시 라이프 시드니 수족관:** 1-5 Wheat Rd, Sydney NSW
  https://www.visitsealife.com/sydney/

패디스 마켓(Paddys Market)

www.paddysmaekets.com.au

시드니 차이나타운 인근에 위치한다. 시드니에서 가장 오래된 시장으로 다양한 기념품, 의류, 농산물 등 다양한 상품을 판매한다.

· **주소:** 9-13 Hay St, Sydney, NSW
· **영업시간:** 월, 화요일 휴무/ 요일마다 오픈하는 시간과 종료 시간이 다르다.

퀸 빅토리아 빌딩(Queen Victoria Building)

www.qvb.com.au

시드니 중심 업무 지구에 있어 지하 1층에서 타운 홀 기차역과 마이어 백화점, 울 워스 마켓으로 연결된다. 시드니 마켓을 대체하기 위해 남북으로 뻗은 길이가 190m, 폭 30m, 지하 2층, 지상 3층 규모로 설계되었다. 로마네스크 양식과 비잔틴 양식을 혼합하여 지어졌으며, 돔 모양의 천장, 화려한 스테인드글라스, 나선형 계단, 곳곳에 숨어 있는 원주민 미술을 형상화한 무늬 등 볼거리가 많다. 예전에 영국의 빅토리아 여왕이 호주 방문 시 사용했던 궁전에서 이름 붙여졌으며, 줄여서 QVB라고 부른다. 1986년 보수하고 수리한 후 명품 브랜드가 입점한 고급 쇼핑센터로 영업 중이다.

· **주소:** 455 George St, Sydney, NSW
· **영업시간:** 09:00~18:00(일요일 휴무)

드디어 집으로

8월 30일

아침 일찍 마가레트의 딸이 왔다. 간호사이니 아버지 존의 건강 상태에 대하여 이야기를 나누는 듯했다. 어제 만들었던 불고기와 엄마가 챙겨주는 음식 몇 가지를 들고 바삐 떠났다. 출근 중에 잠시 들린 모양이었다. 자식에게 맛있는 것 먹이려는 마음, 하나라도 더 챙겨주려는 세상의 엄마들 마음은 다 같은가 보다. 가난하면 가난한 대로 부자는 부자대로 주고 싶은 마음은 서로 비교할 수가 없다.

에어 아시아 항공은 14:40 시드니 출발, 31일 10:05 인천 도착 예정이다. 마가레트 집 린필드에서 공항까지 29km 자동차로 50분 정도 소요된다. 우리는 아침을 먹고 11시쯤 길을 나섰다. 버스나 전철로 갈 수도 있지만 짐이 있어서 우버 택시를 이용하였다. 우버 기사는 덩치가 좋은 30대 백인 여자였다. 아직도 공부하는 학생 신분이며 정부 보조금과 우버로 번 돈으로 생활비를 충당하는 모양이었다. 거리가 비슷

한 해운대-김해공항까지 2만 5천 원 주고 탔는데 공항에 도착하니 59A$로 찍혔다. 환전하면 약 5만원 돈이다. 가격이 2배다. 역시 국민소득 차이를 무시할 수 없구나.

우유, 과일 등 현지서 생산되는 식품류는 싼데, 공산품은 비싸다. 대부분 동남아, 동유럽 등에서 온 수입품이다. 식당에서 사 먹은 음식값은 한국과 호주가 별로 차이가 나지 않는다. 땅이 넓어서 교통비는 한국보다 훨씬 비싸고, 택시비 역시 비싼 이유는 아마도 인건비 때문인 것 같다. 호주는 기술자가 돈을 버는 경우가 많다. 타일공, 배관공은 수입이 상당하다. 전기 기술자, 자동차 정비사 등도 시간당 수수료가 만만찮다. 기술자를 한번 부르면 많은 돈이 지출되므로 남녀 구분 없이 가정에서 자잘하게 손보는 일은 스스로 해결한다.

수속하고 짐을 부치고 나니 홀가분해졌다. 여러 번 다녀왔던 곳이라서 면세점에서 사고 싶은 물건은 없었다. 다만 다 쓰고 없는 와인색 립글로스 하나를 샀다. 면세점에서 윈도우 쇼핑하며 시간을 보냈다.

비행기는 차질없이 시드니를 날아올라 인천으로 향하였다.

VII ········ 시드니 Sydney

EPILOGUE

편집된 원고를 3차까지 수정해서 보내고 나니 미룬 일기를 완성한 것처럼 마음이 한결 가볍다. 호주 서바스 가족은 물론, 먼저 다녀온 동유럽, 북유럽과 이탈리아의 서바스 호스트 가족들도 보고 싶다.

나에게 다가온 인연을 쉽사리 떨쳐 내지 못하는 게 나의 장점이자 단점이다. 항상 여행을 다녀온 후에 머물렀던 서바스 호스트에게 감사의 메일을 보내고, 연말에는 크리스마스 카드를 보낸다. 선물비보다 항공료가 더 많이 들지만 특별한 사람에게는 선물도 보낸다. 서바스로 인연의 끈을 맺어서 자매로 친구로 계속 연락을 주고받는 사람이 제법 된다.

2020년에는 35개의 카드를 직접 만들었지만 나라마다 다른 코로나 방역 정책 때문에 오스트리아를 비롯하여 몇 개의 국가에는 보낼 수 없어서 이메일로 대신 인사를 했다. 2021년에는 카드를 사서 내용을 쓰고 11월 중순부터 보내기 시작하였다. 작년처럼 보낼 수 없는 국가도 있었고, 호주는 배로만 통관이 되어 1월에 카드를 받을 수 있었다고 한참 뒤에 연락이 왔다. 이스라엘은 국제특급우편 EMS(Express Mail Service)만 가능하여 카드값보다 6배가 넘는 우편료를 지불하였다.

이탈리아 제시카와 호주 올리버는 긴 편지를, 스페인 돌로레스, 호주 멜리사는 카드를 보내왔다. 네덜란드 노라(Nora)와 이스라엘 오르나(Orna)는 종종 메신저로 소식을 주고받는데 잘 받았다고 했다. 호주 바실과 이스라엘 미미, 라야, 일라나 폴란드 헬렌도 메일로 카드를 받았다고 하였다.

가는 정이 있으면 오는 정도 있다. 사람이면 누구나 따뜻한 마음을 가지고 있지만 크기와 나누는 방식은 사람마다 다르다. 난 얼마나 크고 따뜻한 마음을 지녔는지 알 수 없지만 지금 만나는 사람에게 최선을 다하려고 한다. 사람 사는 게 뭐 별건가, 이렇게 정을 나누고 하고 싶은 일을 하면서 살면 되지.

얼마 전 친구의 남편이 돌아가셨다. 친구랑 동갑인데 모친을 두고 하늘나라로 떠났다. "Who knows? Right now!" 요즘 내가 친구들에게 많이 해 주는 말이다. 태어날 때는 순서가 있지만 저승 갈 때는 순서가 없다. 나중에 해야지 하면 이미 늦다. 지금 당장 좋아하는 일 하면서 즐겁게 살아야 한다.

내가 가장 하고 싶은 일은 누가 뭐래도 여행이다. 값싼 게스트 하우스에서 젊은 이를 만나도 좋고, 서바스 댁에 머물면서 새로운 가족을 만들 생각에 벌써 가슴이 뛴다. 호화로운 크루즈 여행을 하면 더 멋지겠지.

호모 바이에이터! 또 다른 여행을 꿈꾼다.